COUR DES PAIRS DE FRANCE.

PROCÈS-VERBAL

DES SÉANCES

RELATIVES AU JUGEMENT

DE LOUIS-PIERRE LOUVEL.

1820.

Ce Procès-Verbal contient 14 Numéros, auxquels on
joint une Table des Matières.

A PARIS,

DE L'IMPRIMERIE DE P. DIDOT L'AINÉ,

CHEVALIER DE L'ORDRE ROYAL DE SAINT-MICHEL,

IMPRIMEUR DU ROI ET DE LA CHAMBRE DES PAIRS.

1820.

COUR DES PAIRS.

Séance du mardi 15 février 1820,

Présidée par M. le Chancelier.

A quatre heures et demie la Chambre des Pairs se forme en Cour de justice pour exercer les fonctions que lui attribue l'article 33 de la Charte constitutionnelle.

L'attentat qui donne lieu à l'exercice de ces fonctions a été déféré à la Chambre, conformément à la Charte et au code pénal, par une ordonnance du Roi, communiquée dans la séance d'hier, et dont la teneur suit :

ORDONNANCE DU ROI.

« LOUIS, PAR LA GRACE DE DIEU, ROI DE FRANCE ET DE NAVARRE ;

« A tous ceux qui ces présentes verront, SALUT :

« Vu l'article 33 de la Charte constitutionnelle qui attribue à la Chambre des Pairs la
connoissance des crimes de haute trahison et
des attentats à la sûreté de l'État, qui seront
définis par la loi;

« Vu l'article 87 du code pénal, qui met au
nombre des crimes contre la sûreté de l'État
l'attentat ou le complot contre la vie ou la personne des membres de la Famille royale;

« Notre conseil d'état entendu;

« Nous avons ORDONNÉ ET ORDONNONS ce qui
suit :

ARTICLE PREMIER.

« La Chambre des Pairs, constituée en cour
des Pairs, procédera sans délai au jugement du
nommé Louis-Pierre Louvel, prévenu du crime
d'attentat sur la personne de notre bien-aimé
neveu, le duc de Berry.

2.

« Elle se conformera, pour l'instruction et le
jugement, aux formes prescrites par nos ordonnances des 11 et 12 novembre 1815.

3.

« Notre procureur - général en notre cour

royale de Paris, remplira les fonctions de procureur-général près notre Cour des Pairs;

« Le Secrétaire-archiviste en notre Chambre
des Pairs, et son adjoint, rempliront celles de
greffier.

4.

« La présente ordonnance sera portée à la
Chambre des Pairs par notre Ministre secrétaire-d'état au département de l'intérieur, président de notre conseil des Ministres; notre Ministre secrétaire-d'état au département de la
guerre, et le comte Siméon, sous-secrétaire-d'é-
tat, chargé par interim du ministère de la justice.

« DONNÉ à Paris, le 14 février de l'an de grace
1820, et de notre règne le vingt-cinquième. »

Signé LOUIS.

Par le Roi :

*Le Ministre secrétaire-d'état au département
de l'intérieur, président du conseil des Ministres,*

Signé le Comte DECAZES.

M. le Président annonce à la Cour que le

procureur-général établi près d'elle par l'ordonnance ci-dessus demande à être entendu.

La Cour décide qu'il lui sera donné audience.

Ce magistrat est de suite introduit, et se
place devant un bureau qui lui a été préparé
dans le parquet, à la droite de la tribune.

Le Secrétaire-archiviste de la Chambre, et le
Secrétaire-adjoint, chargés par l'ordonnance
du Roi de remplir les fonctions de greffier, sont
placés dans le parquet, à la gauche de la même
tribune.

Le procureur-général ayant obtenu la parole
s'exprime en ces termes :

MESSIEURS,

« La dernière fois que je parus aux pieds de
cette Cour auguste, le mouvement d'orgueil
que j'éprouvois d'être honoré de la plus haute
distinction qui puisse être accordée à la magistrature française étoit pur de toute amer-
tume. Je venois remplir devant vous un ministère tout de grace en cette occasion, et vous
demander de faire taire des accusations. Com-
bien est plus triste aujourd'hui l'accomplisse-

ment du grand devoir que, sans égard à l'in-
suffisance de mes forces, m'impose la confiance
de Sa Majesté! Je ne puis vous entretenir que de
justice, c'est-à-dire de sévérité. Au milieu de si
douloureuses circonstances, et du deuil public
qui nous presse de toutes parts, je sens que ce
seroit une véritable inconvenance de fixer
votre attention sur tout autre objet que sur
l'objet lamentable qui nous rassemble, et je
soumets à vos hautes méditations le réquisitoire suivant:

Réquisitoire de M. le Procureur-général.

A Messieurs de la Chambre des Pairs constituée en Cour
des Pairs, en vertu de l'article 33 de la Charte constitutionnelle, pour juger le nommé Louis-Pierre Louvel.

MESSIEURS,

« Le conseiller-d'état, procureur-général près
la cour royale de Paris, nommé par ordonnance de Sa Majesté, en date du 14 de ce mois,
pour remplir les fonctions de son procureur-
général près la Cour des Pairs, dans l'instruction dirigée contre Louis-Pierre Louvel, pré-

venu d'attentat ou de complot contre la vie ou la personne des Princes de la Famille royale, a l'honneur de vous exposer et de requérir ce qui suit :

« Un forfait qui pénétre la France d'une douleur qu'on ne peut comparer qu'à l'horreur profonde qu'il inspire, vient d'être commis. Monsieur le Duc de Berry, ce prince d'un si noble caractère, l'une des espérances du royaume, et dont la vie entière s'est écoulée à couvrir, même au loin, les pauvres de ses bienfaits, est tombé, à la fleur de son âge, victime du plus féroce comme du plus lâche assassinat. La parole manque à exprimer des détails qui, de plus, ne seront définitivement constatés que par la procédure. D'ailleurs je dois, pour le moment, les épargner à votre douleur. Ce crime peut coûter à notre pays des siécles de larmes par ses conséquences. Il est plus effrayant encore peut-être par ses causes. Il résulte déja des propres aveux de l'assassin que nulle haine particulière, nulle vengeance n'arma son bras contre un Prince qui, en effet, pouvoit faire des ingrats, mais non pas avoir des ennemis. Le fanatisme politique, si l'on en croit le meurtrier, a tout fait. Ces thèses antisociales qui ont, depuis peu d'années sur-tout,

bouleversé la doctrine politique et morale,
dénaturé dans l'esprit d'une multitude bonne,
mais ignorante, les droits des souverains et
les devoirs des peuples, audacieusement atta-
qué la légitimité, ce dogme vraiment popu-
laire, le premier besoin des sociétés dont elle
garantit la fixité et le repos, ont troublé un
cerveau mal sain. Il n'a vu dans ses Rois légi-
times que des usurpateurs de la souveraineté
du peuple, et les auteurs de l'occupation de la
France.. Un faux honneur lui a fait prendre,
dit-il, en haine les Bourbons, tous les Bourbons.
C'est à la destruction enfin de leur race qu'il
s'acharnoit. Le premier meurtre n'accomplis-
soit pas ses desseins, dont il suivroit le cours
sur nos autres princes, si la justice ne l'avoit
pas saisi. Il a commencé par l'illustre victime
que pleure la France, uniquement parceque la
France lui devoit en partie l'espoir de voir
perpétuer cette famille auguste qui a tout fait
pour son bonheur et pour sa gloire. De tels
blasphèmes contre la raison, non moins que
contre la reconnoissance, font dresser les cheveux. Trop heureux encore, même dans son
infortune, notre pays, s'ils étoient le résultat
de la frénésie spontanée d'un scélérat isolé, et
si cette frénésie, inoculée à bien d'autres in-

sensés, ne trouvoit pas sa source et son aliment journalier dans d'infames écrits, tous tendant à provoquer ces égarements, et dont les auteurs peuvent désormais vanter leurs succès!

« Il étoit impossible qu'à l'instant où la nouvelle de cet exécrable attentat s'est répandue, les juges ordinaires ne pourvussent pas aux mesures que les conjonctures rendoient nécessaires. Aussi le zèle de cette magistrature fidèle n'a-t-il pas été en défaut. Ils s'occupoient avec sollicitude des premiers actes destinés à préparer la punition des coupables. La cour royale de Paris, qu'on ne verra jamais rester en arrière dans ces grandes occasions, avoit même de son côté, par arrêt du 14 de ce mois, évoqué à elle l'instruction.

« Toutefois, ce crime, aux termes de la Charte, devoit être déféré à la Cour auguste à laquelle est confié spécialement le dépôt du premier intérêt de la nation, c'est-à-dire de la conservation de cette dynastie française, sous laquelle, pendant huit siècles, le peuple français a conquis tout ce qu'il y avoit de vraiment solide dans sa gloire, dans sa grandeur et dans ses prospérités.

« L'ordonnance du Roi, en date du 14 de ce mois, le lui défère.

« Dans de telles circonstances, le procureur-général de Sa Majesté près la Cour des Pairs, requiert la Cour qu'il lui plaise,

« Lui donner acte du contenu au présent réquisitoire renfermant plainte contre Louis-Pierre Louvel, ses complices, fauteurs, participes et adhérents d'un complot ou attentat contre la vie ou la personne des Princes de la Famille royale, attentat et complot déja manifesté par le meurtre de feu S. A. R. Monsieur le duc de Berry, commis dans la nuit du 13 au 14 de ce mois, et dont est prévenu ledit Louvel, crime prévu par l'article 33 de la Charte, et l'article 87 du code pénal.

« Ordonner que dans le jour, M. le Chancelier de France, Président de la Cour, se commettra lui-même ou déléguera tels de Messieurs les Pairs qu'il lui plaira, pour procéder à l'instruction dudit crime, circonstances et dépendances contre ledit Louis-Pierre Louvel et tous autres.

« Ordonner que les procédures et actes d'instruction commencés seront apportés au greffe de la Cour.

« Ordonner enfin que la Chambre s'assemblera au jour indiqué par M. le Président pour entendre le rapport de la procédure, et faire tous les autres actes que le progrès de l'instruction aura rendus convenables.

Fait à Paris, en notre cabinet, au palais de la Chambre des Pairs le 15 février 1820.

Signé *le conseiller d'Etat procureur-général,*
BELLART.

Le procureur-général se retire, après avoir déposé sur le bureau son réquisitoire de lui signé.

M. le Président met en délibération les conclusions qui le terminent. Il observe que dans un tribunal ordinaire, c'est par le président seul qu'il y seroit statué, ces premiers actes de la procédure n'exigeant pas l'intervention de la Chambre du Conseil. Mais dans la déplorable affaire dont la Cour est saisie, comme dans celles qui l'ont précédemment occupée, M. le Président s'est fait un devoir de soumettre aux lumières de l'assemblée, d'appuyer de son concours, toutes les déterminations qui en seroient susceptibles. C'est à ce titre qu'il appelle aujourd'hui sa délibération sur les conclusions du réquisitoire. Leur adoption, première base de l'instruction criminelle qui doit avoir lieu, ne peut offrir aucune difficulté. M. le Président propose en conséquence à la Cour de rendre un arrêt conforme à ces conclusions.

Un Pair demande s'il n'y a pas quelque inconvénient à adopter des conclusions par lesquelles, antérieurement à toute instruction, le crime déféré à la Cour est qualifié de *complot ou attentat contre la vie ou la personne des princes de la Famille royale*. N'est-ce pas de l'instruction même que doit résulter la qualification du crime?

Un Pair observe que le procureur-général a non seulement le droit mais encore le devoir de qualifier le crime dont il porte plainte. La qualification est établie par la nature même du crime, comparé à la disposition de l'art. 87 du code pénal. Cette qualification au surplus ne peut nuire au prévenu, qui n'est jugé que sur le résultat de l'instruction.

M. le Président, après avoir donné quelques développements à cette observation, met sous les yeux de la Cour les conclusions du réquisitoire.

Elles sont adoptées sans réclamation, et M. le Président, au nom de la Cour, prononce l'arrêt suivant:

ARRÊT DE LA COUR DES PAIRS.

« La Chambre des Pairs de France, constituée en Cour des Pairs, aux termes de l'ordonnance de Sa Majesté, en date du 14 de ce mois :

« Vu ladite ordonnance, et l'art. 33 de la Charte constitutionnelle ;

« Ouï M. le procureur-général du Roi en ses dires et réquisitions, et après en avoir délibéré,

« Donne acte audit procureur-général du réquisitoire par lui déposé sur le bureau de la Cour, et contenant plainte contre Louis-Pierre Louvel, inculpé d'attentat ou complot contre la personne des Princes de la Famille royale, ledit attentat ou complot déja manifesté par l'homicide commis sur la personne de Monsieur le duc de Berry, dans la nuit du 13 au 14 de ce mois ; et contre les complices, fauteurs, participes et adhérents dudit Louvel, si aucuns il a.

« Ordonne que par M. le Chancelier de France, Président de la Cour, ou par tels de MM. les Pairs qu'il jugera convenable de commettre pour l'assister, il sera sur-le-champ procédé à l'instruction du procès pour ladite instruction faite et rapportée être par le procureur-général requis, et par la Cour statué ce qu'il appartiendra.

« Ordonne que les pièces à conviction, ainsi que les procédures et actes d'instruction déja faits, seront apportés sans délai au greffe de la Cour.

« Ordonne que le présent arrêt sera exécuté à la diligence du procureur-général du Roi, et commet dès-à-présent pour toutes les significations à faire au procès, les huissiers de la Chambre qui en seront requis par ledit procureur-général. »

Cet arrêt prononcé, M. le Président ajoute qu'il va de suite nommer deux commissaires pour l'instruction du procès, et que cette instruction terminée, la Cour sera de nouveau réunie pour entendre le rapport qui en contiendra le résultat.

M. le Président léve ensuite la séance.

Les Président et Secrétaires,

Signé DAMBRAY, président.

Le duc DE DOUDEAUVILLE, le comte RAPP, le maréchal marquis DE BEURNONVILLE, et le vicomte DE MONTMORENCY, secrétaires.

IME
OUVEL.

s-verbal
° 2.

de 1819.

COUR DES PAIRS.

Séance du lundi 15 mai 1820,

Présidée par M. le Chancelier.

A onze heures la Cour des Pairs se réunit, en vertu d'une convocation faite sur l'ordre de M. le Président.

L'objet de cette convocation est d'entendre le rapport qui doit être fait à la Cour par les commissaires chargés de l'instruction du procès relatif à l'attentat commis le 13 février dernier sur la personne de M. le duc de Berry.

M. le Président observe que ce procès, à l'objet duquel se rattachent de si grandes douleurs et de si touchants souvenirs, exigeoit une instruction soignée. Il importe à la France

2

de connoître tout ce qu'il aura été possible d'apprendre sur le crime affreux qui l'a privée d'un Prince en qui reposoient de si douces espérances. Les faits en apparence les plus minutieux, les circonstances les plus éloignées, ont dû être l'objet d'un examen attentif. C'est après trois mois entiers consacrés à cet examen, c'est après avoir fait tous leurs efforts pour découvrir la vérité, que le Président et les commissaires qui l'ont assisté dans cette pénible recherche, apportent à la Cour le résultat de leurs longues investigations. M. le comte de Bastard, l'un des commissaires, s'est chargé du rapport. La Chambre jugera sans doute que l'instruction ne pouvoit être mieux confiée qu'aux deux Pairs dont en cette occasion le Président a cru devoir appeler à son secours les lumières et le zéle, garantis à la France par la manière dont ils remplissent l'un et l'autre les fonctions de premiers présidents des deux premières cours souveraines du royaume.

Après ce court exposé, M. le Président fait donner lecture à la Cour du procès-verbal de la séance du 15 février, dans laquelle, aux termes d'une ordonnance du Roi du 14 du même mois, la Chambre des Pairs s'est formée en Cour de justice pour procéder au jugement de Louis-

Pierre Louvel, prévenu de l'attentat commis le 13, sur la personne de M. le duc de Berry.

Ce procès-verbal énonce que l'attentat dont il s'agit a été *déféré à la Chambre* par l'ordonnance du Roi susdatée.

Un membre observe que la jurisdiction de la Chambre résulte, non de l'ordonnance du Roi, mais d'un article précis de la Charte. Il demande que, pour maintenir ce principe, il soit dit que l'attentat a été déféré à la Chambre par l'ordonnance de Sa Majesté, *conformément à la Charte constitutionnelle.*

Cette rédaction est appuyée par divers membres. D'autres ne la trouvent pas encore assez explicite, et proposent de la développer davantage.

L'un d'eux voudroit substituer au mot de *déféré* celui de *renvoyé* à la Chambre.

Un autre appuie le mot *déféré*, mais en y ajoutant *conformément à la Charte qui attribue* etc.

Un troisième opinant s'oppose à l'emploi du mot *attribue* qui, au premier coup-d'œil, sembleroit présenter la Chambre des Pairs comme un tribunal d'attribution. Il préféreroit citer l'article de la Charte d'où résulte la compétence de la Chambre. Il est vrai que cet article suppose des lois qui définissent les crimes dont la Chambre doit connoître. Mais ces lois, quelque impérieux qu'en soit le besoin, n'existant pas encore, le Roi, à leur défaut, a pu saisir la Chambre de la connoissance du crime commis. Le noble Pair propose de dire que ce crime a été déféré à la Chambre par le Roi, *conformément à l'article 33 de la Charte.*

Un quatrième opinant estime qu'au regard de l'attentat du 13 février, le code pénal remplit la condition exigée par la Charte, en mettant au nombre des attentats contre la sûreté de l'État ceux qui seroient commis sur la personne des membres de la Famille royale. Ainsi l'ordonnance du Roi, qui défère à la Chambre l'attentat du 13 février, n'est que l'exécution littérale de la Charte expliquée par ce code. Ne pourroit-on pas dire en conséquence que le crime a été déféré à la Chambre, *conformément à la Charte et au code pénal ?*

Un Pair appuie cette explication. Ce qui manque à la Chambre dans la circonstance actuelle, ce n'est pas une loi de compétence, c'est une forme spéciale de procédure. D'après l'article 33 de la Charte, l'article 87 du code pénal, il ne peut y avoir aucun doute sur la compétence de la Chambre relativement au crime dont en ce moment elle est appelée à connoître. On ne peut donc supposer ici une attribution qui, loin d'être conforme à la Charte, lui seroient véritablement contraire. La dernière rédaction proposée paroît, sous ce rapport, préférable à toutes les autres.

Quelques opinants proposant de s'en tenir à la rédaction originaire, observent que le mot *déféré* est généralement reconnu le plus propre à exprimer l'acte par lequel Sa Majesté a saisi la Chambre de la connoissance de l'affaire. Quant à la citation de la Charte et du code pénal, l'article 33 de l'une et l'art. 87 de l'autre, sont textuellement rappelés en tête de l'ordonnance du Roi. La citation proposée est donc super-flue.

Un Pair considère comme une véritable attribution le renvoi fait à la Chambre d'une affaire qui, lorsqu'elle lui a été transmise, avoit déja été évoquée par la cour royale de Paris. Il propose de substituer au mot *déféré* celui d'*attribué*.

La Cour adopte la rédaction qui en conservant le mot *déféré* y ajoute l'explication suivance : *conformément à la Charte et au code pénal.*

Le procès-verbal de la séance du 15 février est adopté sans autre changement.

M. le Président annonce qu'avant de soumettre à la Cour le résultat de l'instruction, il va faire constater par un appel nominal la présence des Pairs qui, après avoir entendu le rapport pourront seuls prononcer sur la mise en accusation. Cet appel peut sans inconvénient être fait par ordre alphabétique, suivant l'usage ordinaire de la Chambre. Lorsqu'il s'agira de prendre les opinions, M. le Président, si la Cour n'y voit aucune difficulté, suivra l'usage adopté dans les cours de justice, et d'après lequel chaque opinant, en commençant par le dernier reçu, est consulté dans l'ordre inverse de l'ancienneté de sa réception.

Le Secrétaire - archiviste de la Chambre, greffier de la Cour, fait en conséquence, sur l'ordre de M. le Président, un appel nominal dont le résultat constate la présence des 200 Pairs nommés dans la liste alphabétique ci-après :

MM.	MM.
Le comte d'Aboville.	Le maréchal duc d'Albu-féra.
Le comte Abrial.	
Le marquis d'Aguesseau.	Le marquis d'Aligre.
Le marquis d'Albertas.	Le baron d'Andigné.

MM.

Le marquis d'Angosse.
Le marquis d'Aragon.
Le marquis d'Aramon.
Le comte d'Argout.
Le comte d'Arjuzon.
Le duc d'Aumont.
Le baron de Barante.
Le comte de Bastard.
Le comte Beker.
Le comte Belliard.
Le comte Raymond de Bé-
renger.
Le comte Berthollet.
Le maréchal marquis de
Beurnonville.
Le marquis de Biron.
Le marquis de Boisgelin.
Le baron Boissel de Mon-
ville.
Le comte de Boissy-d'An-
glas.
Le marquis de Boissy du
Coudray.
Le comte Bourlier, évêque
d'Évreux.
Le marquis de Brézé.
Le duc de Brissac.
Le duc de Broglie.
Le duc de Cadore.
Le comte de Castellane.
Le duc de Castries.
Le marquis de Catellan,
Le comte du Cayla.

MM.

Le duc de Caylus.
Le marquis de Chabannes.
Le prince duc de Chalais.
Le comte Chaptal.
Le marquis de Chasseloup-
Laubat.
Le vicomte de Château-
briand.
Le duc de Chevreuse.
Le duc de Choiseul.
Le comte Chollet.
Le comte Clément-de-Ris.
Le marquis de Clermont-
Gallerande.
Le duc de Clermont-Ton-
nerre.
Le marquis de Clermont-
Tonnerre.
Le maréchal duc de Coigny.
Le comte Colchen.
Le comte Compans.
Le maréchal duc de Coné-
gliano.
Le comte de Cornet.
Le comte Cornudet.
Le duc de Crillon.
Le comte Curial.
Le comte de Damas.
Le duc de Damas-Crux.
Le vicomte Dambray.
Le marquis de Dampierre.
Le maréchal duc de Dant-
zick.

MM.

Le comte Daru.
Le comte De Croix.
Le comte Dehédouville.
Le comte Dejean.
Le comte Dembarrère.
Le comte Demont.
Le comte De Sèze.
Le marquis Dessolle.
Le vicomte Digeon.
Le duc de Doudeauville.
Le vicomte Dubouchage.
Le duc de Duras.
Le comte de Durfort.
Le maréchal prince d'Eck-
mühl.
Le comte d'Ecquevilly.
Le comte d'Escars.
Le comte Fabre de l'Aude.
Le duc de Fitz-James.
Le marquis de Fontanes.
Le marquis de Garnier.
Le comte de Gassendi.
Le comte Germain.
Le comte de Germiny.
Le comte de Gouvion.
Le duc de Gramont.
Le comte de Gramont-
d'Asté.
Le marquis de Grave.
Le marquis d'Harcourt.
Le comte d'Haubersart.
Le comte d'Haussonville.
Le duc de Croï d'Havré.

MM.

Le marquis d'Herbouville.
Le comte Herwin de Ne-
vèle.
Le vicomte d'Houdetot.
Le comte d'Hunolstein.
Le marquis de Jaucourt.
Le maréchal comte Jour-
dan.
Le comte Klein.
Le comte de Labourdon-
naye-Blossac.
Le comte de Lacépède.
Le duc de La Châtre.
Le duc de La Force.
Le marquis de La Guiche.
Le marquis de Lally-Tolen-
dal.
Le vicomte de Lamoignon.
Le comte Lanjuinais.
Le marquis de Laplace.
Le comte de La Roche-
Aimon.
Le duc de La Rochefou-
cauld.
Le baron de La Rochefou-
cauld.
Le marquis de La Suze.
Le marquis de La Tour-du-
Pin.
Le marquis de Latour-Mau-
bourg.
Le comte de Latour-Mau-
bourg.

MM.

Le duc de La Trémoille.
Le comte Lebrun de Ro-
chemont.
Le comte Lecouteulx de
Canteleu.
Le comte Lemercier.
Le comte Lenoir - Laro-
che.
Le duc de Lévis.
Le duc de Lorges.
Le marquis de Louvois.
Le duc de Luxembourg.
Le comte Lynch.
Le comte de Machault-d'Ar-
nouville.
Le duc de Maillé.
Le marquis Maison.
Le marquis de Maleville.
Le marquis de Marbois.
Le comte de Marescot.
Le duc de Massa.
Le marquis de Mathan.
Le comte Molé.
Le comte Mollien.
Le comte de Monbadon.
Le baron de Montalembert.
Le comte de Sainte-Maure
Montausier.
Le comte de Montesquiou.
Le duc de Montmorency.
Le vicomte de Montmo-
rency.
Le vicomte de Morel-Vindé.

MM.

Le duc de Mortemart.
Le marquis de Mortemart.
Le marquis de Mun.
Le comte du Muy.
Le comte de Noë.
Le comte d'Orvilliers.
Le marquis d'Osmond.
Le marquis de Pastoret.
Le comte Peré.
Le marquis de Pérignon.
Le duc de Plaisance.
Le prince duc de Poix.
Le duc de Polignac.
Le comte de Polignac.
Le comte de Pontécoulant.
Le comte Portalis.
Le duc de Praslin.
Le maréchal duc de Raguse.
Le marquis de Raigecourt.
Le comte Rampon.
Le comte Rapp.
Le maréchal duc de Reggio.
Le comte Reille.
Le comte Ricard.
Le comte de Richebourg.
Le duc de Richelieu.
Le vicomte Le Peletier Ro-
sanbo.
Le marquis de Rougé.
Le comte de Rully.
Le comte Ruty.
Le comte de Sabran.
Le duc de Saint-Aignan.

MM.

Le comte de Saint-Roman.
Le marquis de Saint-Simon.
Le comte de Saint-Vallier.
Le comte de Sainte-Su-
zanne.
Le duc de Saulx-Tavannes.
Le Baron Séguier.
Le comte de Ségur.
Le marquis de Semonville
Le comte de Sparre.
Le comte de Suffren Saint-
Tropez.
Le comte de Sussy.
Le marquis de Talaru.
Le marquis de Talhouet.
Le prince duc de Talley-
rand.

MM.

Le maréchal duc de Ta-
rente.
Le comte de Tascher.
Le maréchal duc de Tré-
vise.
Le vice-amiral comte Tru-
guet.
Le duc d'Uzès.
Le comte de Valence.
Le marquis de Vence.
Le marquis de Vérac.
Le vice-amiral comte Ve-
rhuell.
Le marquis de Vibraye.
Le comte de Villemanzy.
Le comte Vimar.
Le maréchal marquis de
Viomenil.

Dans le cours de l'appel nominal, M. le comte Lanjuinais a déclaré qu'il voteroit sur la mise en accusation ou sur le jugement, non sur l'une et sur l'autre. M. l'Évêque d'Évreux a déclaré qu'à raison de son caractère il se retireroit après les conclusions du ministère public.

M. le Président a observé que la même raison avoit empêché de se rendre à la séance MM. le cardinal duc de Talleyrand Périgord, le cardinal duc de La Luzerne, l'ancien évêque de Châlons, et l'archevêque de Besançon. Il a ajouté que plusieurs autres Pairs l'avoient prié d'excuser auprès de la Cour leur absence motivée sur l'état de leur santé. De ce nombre sont MM. le comte Pelet de la Lozère, le comte Dédelay d'Agier, le marquis de Lauriston, le maréchal duc de Valmy, le comte Soulès et le comte de Brigode. M. le maréchal duc de Bellune, entendu comme témoin dans le procès, ne pourra par ce motif prendre part ni à la mise en accusation ni au jugement.

Un membre demande, et M. le Président ordonne le réappel des membres absents. Cette opération exécutée ne change rien au résultat obtenu.

La parole est ensuite accordée par M. le Président à celui de MM. les commissaires chargés de l'instruction, qui doit en mettre le résultat sous les yeux de la Cour.

M. le baron Séguier et M. le comte de Bastard, commissaires nommés par ordonnance de M. le Président, du 15 février dernier, pour l'instruction du procès, se placent devant un bureau qui a été disposé pour eux dans le parquet où il remplace la tribune.

Le greffier et son adjoint occupent leur place ordinaire à la droite et à la gauche de ce bureau.

M. le comte de Bastard, rapporteur de la

commission, prend la parole et commence assis la lecture de son rapport.

Il continue cette lecture jusqu'à cinq heures et demie, sans que le rapport soit terminé.

La Cour en ajourne la continuation à demain 16 du courant, à onze heures précises.

Cet ajournement prononcé, M. le Président lève la séance.

Les Président et Secrétaires,

Signé DAMBRAY, président.

Le duc DE DOUDEAUVILLE, le comte RAPP, le maréchal marquis DE BEURNONVILLE, et le vicomte DE MONTMORENCY, secrétaires.

RIME
LOUVEL.

—

ès-verbal
N° 3.

—

on de 1819.

COUR DES PAIRS.

Séance du mardi 16 mai 1820,

Présidée par M. le Chancelier.

A onze heures la Cour se réunit, en vertu de l'ajournement porté au procès-verbal de la séance d'hier.

Lecture faite de ce procès-verbal, sa rédaction est adoptée.

Il est ensuite procédé à l'appel nominal des membres présents. Cet appel, dans la séance d'hier, avoit été fait par ordre alphabétique, suivant l'usage ordinaire de la Chambre législativement assemblée. M. le Président annonce qu'il a fait dresser une liste des Pairs par ordre de réception, et que l'appel nominal va être fait sur cette liste, qui sera prise en ordre in-

verse, conformément à l'usage immémorial
des cours judiciaires, lorsqu'il s'agira d'aller
aux opinions.

Un membre observe que, dans les occasions
précédentes où la Chambre s'est formée en
Cour de justice, c'est par ordre de nomina-
tion ou d'ancienneté de titre que les Pairs ont
été appelés, toutes les fois qu'on a procédé à
l'appel nominal. Il demande pourquoi cet ordre
seroit interverti dans la circonstance actuelle.

M. le Président répond que là Chambre remplissant en ce moment des fonctions judiciaires,
il a cru devoir lui proposer de suivre, pour
l'appel de ses membres, l'ordre observé en pareil cas par les cours de justice. Le réglement
du 3o mars 18o8, sur la police des cours et
tribunaux, a confirmé cet ordre, qui s'obser-
voit de temps immémorial. Son art. 35 porte
expressément que *les juges opineront à leur tour,
en commençant par le dernier reçu.*

Un membre demande qu'il soit énoncé au
procès-verbal que la nouvelle forme intro-
duite a pour motif la formation de la Chambre
en Cour de justice.

M. le Président observe que l'évidence de ce
motif résultera tant de la discussion actuelle
que de l'intitulé même du procès-verbal, qui,

d'après l'usage de la Chambre, forme, pour les séances judiciaires, un acte distinct et séparé du procès-verbal des séances législatives. C'est aux premiers seulement que s'applique la forme proposée. Celle qu'on devra suivre dans les autres, s'il se présentoit quelque occasion solennelle, est déterminée par l'art. 13 de l'ordonnance du Roi, du 25 août 1817, sur la collation des titres de pairie.

L'appel nominal, exécuté par ordre de prestation de serment et de réception dans la Chambre, constate la présence de 195 Pairs seulement sur les 200 qui ont répondu à l'appel d'hier.

Les Pairs qui manquent aujourd'hui sont MM. le maréchal duc de Reggio, le comte Molé, le duc de La Châtre, le maréchal duc de Trévise et le prince duc de Poix. M. le Président annonce que l'absence de M. le comte Molé a pour motif une indisposition grave qui lui est survenue depuis la séance d'hier.

Les autres Pairs absents arrivent après le réappel, et lorsque déja le rapporteur avoit repris la lecture de son travail.

Cette lecture, qui avoit rempli la totalité de la dernière séance, occupe encore l'assemblée jusqu'à cinq heures.

Le reste de la séance est consacré à la lecture des piéces du procès. Cette lecture, faite par le greffier de la Cour, sera continuée dans la séance prochaine.

A cinq heures et demie la Cour se sépare, avec ajournement à demain onze heures précises.

Les Président et Secrétaires,

Signé DAMBRAY, président.

Le duc DE DOUDEAUVILLE, le comte RAPP, le maréchal marquis DE BEURNONVILLE, et le vicomte DE MONTMORENCY, secrétaires.

CRIME
DE LOUVEL.

Procès-verbal
N° 4.

ession de 1819.

COUR DES PAIRS.

Séance du mercredi 17 mai 1820,

Présidée par M. le Chancelier.

A une heure la Cour se réunit, en vertu de l'ajournement porté au procès-verbal de la séance d'hier.

Ce procès-verbal est lu et adopté.

Le Greffier, sur l'ordre de M. le Président, fait ensuite l'appel nominal des membres présents.

Leur nombre, qui étoit hier de 195, se trouve réduit à 194 par l'absence de M. l'Évêque d'Évreux.

Ce Pair arrive après le réappel, et lorsque la lecture des pièces a été reprise.

Elle occupe l'assemblée jusqu'à près de

5

quatre heures. M. le Procureur-général est alors introduit.

Ce magistrat, à qui les pièces de l'instruction ont été communiquées, s'est rendu près de la Cour pour lui présenter son réquisitoire.

Il se place, suivant l'usage, devant un bureau qui lui a été préparé dans le parquet, à la droite du bureau où siégent MM. les commissaires instructeurs.

M. le Procureur-général, ayant obtenu la parole, commence la lecture de son réquisitoire.

Cette lecture est continuée jusqu'à cinq heures un quart. Elle sera reprise dans la séance de demain.

La Cour se sépare, avec ajournement à demain, onze heures précises.

Les Président et Secrétaires,

Signé DAMBRAY, président.

Le duc DE DOUDEAUVILLE, le comte RAPP, le maréchal marquis DE BEURNONVILLE, et le vicomte DE MONTMORENCY, secrétaires.

COUR DES PAIRS.

Séance du jeudi 18 mai 1820,

Présidée par M. le Chancelier.

A onze heures la Cour se réunit.

Le Greffier, sur l'ordre de M. le Président, fait lecture du procès-verbal de la séance d'hier.

Sa rédaction est adoptée.

Il est ensuite procédé à l'appel nominal des membres présents. Leur nombre, qui étoit hier de 194, est réduit aujourd'hui à 192 par l'absence de MM. le duc de Lorges et le marquis de Maleville, tous deux indisposés.

Le procureur-général est ensuite introduit.

Il alloit poursuivre la lecture de son réquisitoire, commencée dans la séance d'hier, lorsqu'un incident imprévu suspend momentanément cette lecture.

Un Pair demande la parole pour soumettre à la Cour une proposition que vient de lui suggérer à l'instant la lecture d'un article inséré dans *la Quotidienne* de ce jour. Il met sous les yeux de l'assemblée le contenu de cet article, dont l'auteur anonyme attaque de la manière la plus injurieuse celui de MM. les commissaires qui dans les précédentes séances a fait à la Cour le rapport de la déplorable affaire dont elle s'occupe. Ce n'est pas assez de publier au mépris de toutes les règles ce qu'il prétend connoître de ce rapport, ce n'est pas assez d'accréditer des préventions qui avant le jugement ne peuvent qu'égarer l'opinion publique, et sont également contraires aux lois de la justice et à celles de l'humanité, le journaliste ose accuser le noble rapporteur *d'avoir mis ses opinions à la place de ses devoirs*. Un pareil outrage, qui attaque la Cour tout entière dans l'un de ses membres, n'eût pas été souffert sous l'ancienne magistrature. Il ne sera pas toléré par la Cour, pénétrée comme elle doit l'être du sentiment de sa dignité. L'opinant pourroit sans doute lui proposer de mander à sa barre l'auteur du délit, et de venger elle-même son offense. Mais en attendant qu'à cet égard l'utile exemple d'un pays voisin puisse être imité, l'opinant borne sa proposition à ce qu'il soit rendu sur-le-champ un arrêt solennel qui interdise aux journaux toute publication sur l'affaire dont il s'agit avant le jugement définitif.

Un autre Pair propose de renvoyer la dénonciation à M. le procureur-général, établi près de la Cour et en ce moment dans son sein, pour donner ses conclusions sur une affaire qui doit être considérée comme une dépendance de la cause dont elle s'occupe.

Cette proposition est appuyée par divers membres.

L'un d'eux observe que lors de la discussion du projet de loi sur les délits de la presse, il a prévu et signalé d'avance l'embarras où pourroient un jour se trouver les Chambres, privées par cette loi de tous moyens propres de répression, et obligées de recourir à une intervention étrangère pour la poursuite de leurs offenses. Il a prévu et signalé les inconvénients particuliers de cette position sous le rapport des fonctions judiciaires confiées à la Chambre des Pairs, et pour le cas où elle se trouve aujourd'hui. M. le Garde-des-sceaux répondit alors que la vigilance du Gouvernement ne pouvoit laisser à la Chambre sur ce point aucun sujet d'inquiétude. Est-donc ainsi qu'aidée de la censure devoit s'exercer cette vigilance? A quoi servent les censeurs s'ils ne protégent la paix publique, la personne des magistrats, l'indépendance des tribunaux? Si l'on peut sous leurs yeux outrager impunément la première Cour du royaume, accuser publiquement ses commissaires, qui dans l'exercice de leurs fonctions ont agi non seulement en son nom, mais encore au nom du Roi et de l'État? Ici toutefois, en écoutant un trop juste ressentiment, la Cour doit se tenir en garde contre les fausses interprétations dont, à quelques yeux, sa conduite pourroit être susceptible. Elle doit craindre, en imposant aux journaux un silence absolu sur l'affaire dont il s'agit, d'autoriser l'injurieuse supposition qu'elle ait voulu étouffer la vérité sur cette affaire. C'est par ce motif que l'opinant s'abstiendra d'appuyer la proposition faite à la Cour de statuer de suite sur la dénonciation qui lui est présentée. Il ne voit aucune difficulté dans le renvoi proposé de cette dénonciation au ministère public.

Le procureur-général témoigne le desir d'être entendu.

Le Pair qui a proposé le renvoi s'oppose à à ce que la parole soit accordée au procureur-général avant ce renvoi ordonné. C'est comme cour de justice que la Chambre des Pairs est offensée; et comme telle sans doute elle a, ainsi que tous les tribunaux, le droit de venger l'outrage fait à sa jurisdiction, et qui devient une annexe de la cause dont elle est saisie. Il en seroit autrement si l'offense étoit dirigée contre elle comme Chambre législative : tout ce qu'elle pourroit faire alors seroit d'en renvoyer la poursuite au ministère public. Ici, pourvue de ses moyens de répression, elle n'a besoin du ministère public que pour requérir devant elle l'application de la loi.

Un Pair estime que le fait dénoncé à la Cour peut être considéré sous trois aspects différents, dont chacun constitue un délit à part, et peut donner lieu à une action séparée. C'est d'abord une violation du secret des Chambres, délit prévu par l'article 7 de la loi du 9 juin 1819, qui défend aux journaux de publier sans l'autorisation de celles-ci le résultat de leurs séances secrètes. C'est ensuite une offense faite à l'une d'elles, et dont la loi du 26 mai précédent attribue la poursuite au ministère public, sur l'autorisation de la Chambre offensée. C'est enfin une contravention à la loi du 31 mars dernier, qui soumet les journaux à la censure, car l'opinant est loin de croire qu'un article aussi coupable que celui dont il est question ait pu y être soumis. Il ne se persuadera jamais que des censeurs nommés par le Roi, et investis de sa confiance, aient autorisé une publication si scandaleuse, et abusé de leurs fonctions au point de faire d'un ministère de paix un moyen de trouble et de discorde. S'ils avoient pu s'oublier à ce point, l'autorité sans doute s'empresseroit d'en faire justice. Quant à la Cour, c'est à elle de choisir entre les différents modes de poursuite que la loi met à sa disposition. Ceux dont on vient de parler requièrent pour leur exercice l'action du ministère public. Il en est un autre qui, sans exclure son intervention, laisseroit à la Cour une action directe, et l'appelleroit elle-même à prononcer sur le délit considéré comme une dépendance de la cause principale dont elle est saisie. Le noble Pair, à cet égard, se rapprocheroit sans peine de l'avis du préopinant.

Cet avis est combattu par un autre Pair, qui ne peut apercevoir dans le fait dénoncé à la

Cour, quelque grave qu'il soit d'ailleurs, une annexe du procès déplorable dont elle doit exclusivement s'occuper.

L'auteur de la proposition originaire soutient qu'à l'occasion de ce procès, la Cour, sans excéder ses pouvoirs, peut interdire aux journaux des publications qui, à part l'injure et le scandale, ne blessent pas moins l'humanité que la justice. Il invoque à cet égard l'exemple récent d'un pays voisin, où, dans une cause importante et qui a fixé l'attention de l'Europe, toute publication des résultats de la procédure, quoiqu'elle s'instruisît publiquement, a été défendue avant le jugement définitif.

Un Pair demande quelle seroit l'utilité d'un arrêt qui ne défendroit aux journaux que ce qui déja leur est formellement interdit. Ils ne peuvent, sans l'autorisation des Chambres, rendre compte de leurs séances secrètes. Il suffit donc, pour qu'ils s'en taisent, de leur refuser cette autorisation, qui sans doute ne leur a pas été accordée pour l'article dont il s'agit.

Un autre Pair semble craindre qu'en suspendant de son propre mouvement, et pour un intérêt bien légitime sans doute mais toutefois particulier, l'exercice des hautes fonctions qu'elle remplit en ce moment pour la poursuite d'un crime d'État, la Cour ne s'expose au reproche d'avoir procédé d'une manière peu régulière. Il pense que son action, à cet égard, devroit au moins être provoquée par une réquisition incidente du ministère public.

Un troisième opinant oppose à la demande originaire l'inutilité déja remarquée d'un arrêt qui ne feroit que répéter une défense contenue dans la loi. Sur la seconde proposition, celle de renvoyer au ministère public, il distingue deux cas, celui où l'article dénoncé à la Cour n'auroit pas été soumis à la censure, et celui où il y auroit été soumis. Dans le premier cas le journaliste doit être poursuivi, et il peut l'être sous le double rapport de l'offense faite à la Cour, et de la contravention à la loi du 31 mars dernier. Mais s'il s'est conformé à cette loi, s'il a obtenu l'autorisation qu'elle exige, où est le délit, où sont et les moyens de le poursuivre et la loi qui puisse l'atteindre ? L'opinant cherche en vain à quel titre on poursuivroit l'auteur d'un article censuré. A son avis, la responsabilité dans ce cas est tout entière pour le censeur. On ne peut attaquer le journaliste qui, en se conformant à la loi, a cessé d'être responsable. Cette fâcheuse mais inévitable conséquence est, dans la loi de censure, un danger qu'il importe de signaler aux plus sérieuses méditations de la Chambre et du Gouvernement.

Un Pair estime que la doctrine du préopinant n'est applicable qu'au cas où le contenu de l'article censuré ne constitue aucun délit prévu par la loi commune. Dans le cas contraire, la poursuite de ce délit est indépendante de celle qui a pour objet la contravention aux lois sur la censure. Il seroit étrange, en effet, qu'un article évidemment coupable aux yeux de la loi fût tenu pour innocent parcequ'il se seroit trouvé un censeur assez négligent ou assez infidéle à ses devoirs pour en autoriser la publication.

L'auteur de la proposition originaire observe que cette proposition n'a rien de commun avec la loi de censure. Un corps de délit existe, il est sous les yeux de la Cour, et sous quelque rapport que doive être considéré le scandale qu'on lui dénonce, il ne peut sans doute rester impuni. Sans doute encore il faut empêcher qu'il ne se renouvelle. L'opinant s'étoit borné à proposer un arrêt qui en empêchât le renouvellement. D'autres propositions ont suivi la sienne, et requis des poursuites immédiates. En adhérant à ces propositions, le noble Pair croit devoir persister dans celle qu'il a eu l'honneur de soumettre à la Cour.

L'opinant qui regarde comme affranchi de toute responsabilité l'auteur d'un article publié avec l'agrément de la censure, insiste sur la nécessité de la distinction qu'il a établie. Loin de lui la pensée de protéger un scandale dont il est profondément affecté, mais si la loi rend toute poursuite impossible, comment la Chambre, qui a concouru à la confection de cette loi, seroit-elle dispensée de s'y soumettre?

Un autre Pair observe qu'en pareil cas la contravention est tellement indépendante du délit, que la loi sur la censure a soigneusement distingué la peine dont l'une seroit punie, des poursuites auxquelles l'autre pourroit donner lieu. L'article qui détermine cette peine ajoute: *Sans préjudice des poursuites auxquelles pourroit donner lieu le contenu des feuilles, livraisons et articles.* Ainsi, dans le cas où l'article dénoncé n'auroit pas été soumis à la censure, il y auroit seulement un délit de plus. Comment, par cette addition, le fait deviendroit-il moins grave? Un opinant a pensé que la Cour devoit attendre pour délibérer la provocation du procureur-général : à quel titre cette provocation seroit-elle nécessaire? Pour être constituée en Cour de justice, la Chambre ne perd pas les droits que la loi lui assure comme autorité législative. Or la loi du 26 mai 1819 n'exige d'autre condition, pour la poursuite des offenses faites aux Chambres ou à l'une d'elles, que l'autorisation de la Chambre offensée. Pourquoi cette autorisation ne seroit-elle pas adressée de suite soit au procureur-général, soit au Gouvernement?

Un nouvel opinant ajoute que lors de la discussion du projet de loi sur la censure, un des reproches qu'il fit à ce projet fut l'espéce de garantie qu'à la faveur d'une approbation surprise lui sembloit pouvoir obtenir l'auteur d'un article répréhensible, et l'inconvénient de substituer à cet égard la responsabilité du censeur à celle de l'écrivain. Mais cette supposition fut vivement combattue par les Ministres du Roi, qui soutinrent que, malgré la censure, l'auteur d'un tel article ne cessoit pas d'être responsable. D'après leur assertion et la disposition de loi qu'on vient de citer, il est impossible de regarder comme affranchi de toute poursuite l'article dénoncé à la Cour.

Elle a droit d'en poursuivre l'auteur, et s'il y a lieu le censeur même. Elle auroit droit peut-être de les mander à sa barre. La première Cour du royaume ne peut pas plus que le dernier des tribunaux être privée des moyens de faire respecter son autorité.

Un membre estime que malgré l'importance des questions agitées, malgré l'offense commise envers la Cour, et les devoirs que lui impose le maintien de sa dignité, il est pour elle en ce moment un devoir plus impérieux encore, celui de vaquer à l'examen du procès important dont elle est saisie. L'opinant propose d'en reprendre la suite, en abandonnant au ministère public le soin d'apprécier les faits dénoncés, et de provoquer, en conséquence, les mesures qu'il jugera convenables.

Un autre membre expose que la loi du 20 avril 1810 sur l'organisation de l'ordre judiciaire, autorise dans son article 11 les Cours royales à entendre, toutes les Chambres assemblées, les dénonciations qui leur seroient faites par un de leurs membres, et à mander le procureur-général pour lui enjoindre de poursuivre à raison des faits dénoncés. Qui pourroit contester à la Cour l'exercice de ce droit, et quel motif l'empêcheroit d'en user dans la circonstance actuelle?

Le procureur-général témoigne de nouveau le desir d'être entendu.

Un Pair s'oppose à ce qu'il le soit, et ajoute que sa présence dans la Chambre est même contraire au réglement.

Un autre Pair observe que le réglement, fait pour diriger la Chambre dans l'exercice de ses fonctions législatives, n'a rien de commun avec ses fonctions judiciaires. On ne peut concevoir une Cour de justice sans ministère public, et l'assistance du procureur-général est indispensable à la Chambre ainsi constituée.

M. le Président consulte l'assemblée pour savoir si elle veut ou non accorder la parole à M. le procureur-général.

L'opinant qui le premier a combattu son audition, observe que l'une des questions discutées en ce moment est celle de savoir si l'on renverra ou non au ministère public. Il faut donc attendre pour lui accorder la parole que la Cour ait prononcé sur cette question.

Un Pair met sous les yeux de la Cour les dispositions textuelles de la loi du 26 mai 1819. Aux termes de l'article 4, l'injure commise envers les Cours, tribunaux ou autres corps constitués ne peut être poursuivie qu'*après une délibération de ces corps, prise en assemblée générale, et requérant les poursuites.* Ainsi la Chambre, agissant comme Cour de justice, n'a pas à sa disposition de moyens plus étendus ou plus directs que ceux dont elle disposeroit comme Chambre législative, aux termes de l'article 2. Suivant ce dernier article, elle seroit tenue d'autoriser la poursuite, suivant l'article 4 elle doit la requérir. Sa condition est donc la même à quelque titre qu'elle agisse, et la question se réduit à savoir si elle veut autoriser ou requérir la poursuite nécessaire.

Un membre propose d'entendre à ce sujet M. le procureur-général. Cette proposition est appuyée par divers membres.

L'auteur de la proposition originaire observe qu'en pareil cas, au Parlement, la Cour délibéroit, et mandoit ensuite le procureur-général pour lui donner connoissance de la délibération, et lui enjoindre de poursuivre.

D'autres membres déclarent que cet usage, maintenu par la loi du 20 avril 1810, n'étoit suivi au Parlement que pour l'assemblée générale des Chambres, et ne s'appliquoit nullement au cas où la Cour étoit réunie pour juger. Dans ce cas, elle ne délibéroit sur aucun objet sans avoir préalablement entendu le procureur-général, et ses conclusions étoient, comme aujourd'hui, mentionnées dans l'arrêt.

Un Pair invite la Cour à se tenir en garde contre les fausses mesures où pourroit l'entraîner une trop juste irritation. A quelles inextricables difficultés ne l'exposeroit pas la marche qu'on lui conseille? Où seroient les moyens d'exécution d'un arrêt qui traduiroit devant elle l'auteur anonyme de l'article dénoncé? Sans formes de procédure, sans ministère public qui lui soit propre, elle rencontreroit à chaque pas des obstacles invincibles. Un simple renvoi au procureur-général, pour suivre devant les tribunaux ordinaires, la sauvera de cet embarras. L'injure est assez grave, la fidélité du ministère public à ses devoirs assez connue, pour que la Cour doive être sans inquiétude sur le résultat de cette mesure. Si, d'ailleurs, ses intentions n'étoient pas remplies, elle pourroit aviser plus tard aux moyens de se faire rendre justice.

Un autre Pair estime qu'il ne convient pas à la dignité de la Cour de remettre à un tribunal inférieur la poursuite de l'injure qu'elle a reçue. Qui l'empêcheroit d'en poursuivre elle-même la réparation? De tout temps les corps de magistrature ont eu le droit de punir les offenses commises envers eux dans l'exercice et à l'occasion de leurs fonctions; comment la première Cour du royaume seroit-elle exclue d'un pouvoir confié aux plus simples tribunaux. Mais plus le droit de la Cour est incontestable et sa jurisdiction élevée, plus aussi elle doit mettre de sagesse et de mesure dans la poursuite. L'opinant insiste pour que le procureur soit entendu.

Le procureur-général obtient la parole. Personne plus que lui n'est révolté de l'indécente publication qui excite à si juste titre les plaintes de la Cour; personne plus que lui ne mettroit de zèle à poursuivre la réparation d'un tel outrage, s'il s'agissoit ici du fond de la cause; mais c'est de la forme qu'il est question. Occupée de la déterminer, la Cour, sans doute, croira devoir se renfermer d'autant plus religieusement dans les bornes de son autorité, qu'aucune autre n'auroit le pouvoir de l'y rappeler, si elle s'en écartoit. On a confondu, dans la discussion, deux idées qu'il étoit essentiel de distinguer, et de là ce dissentiment sur la question de savoir si le procureur-général devoit ou non être entendu. Cette question est subordonnée à celle de savoir si c'est comme chambre législative ou comme cour judiciaire que l'assemblée entendoit procéder. Dans le premier cas, l'assistance du procureur-général étoit contraire aux réglements, et il se seroit empressé de se retirer; dans le second, il a le droit, il a même le devoir d'être entendu : et s'il est loin de sa pensée d'excéder en rien les hautes prérogatives attachées aux fonctions qu'il a l'honneur de remplir auprès de la Cour, il ne sauroit non plus en abandonner aucune, parcequ'elles sont instituées, non dans l'intérêt de celui qui en est revêtu, mais dans l'intérêt de la chose publique. Ce dernier cas est évidemment celui où se trouve la Chambre des Pairs, offensée à l'occasion de ses fonctions judiciaires, et à qui l'on propose de rendre un arrêt; car telle est la proposition faite à l'ouverture de la séance. L'audition du ministère public étoit donc indispensable. Admis à s'expliquer sur les mesures proposées, le procureur-général observe que la proposition originaire ne peut s'accorder avec l'état actuel de notre législation. Il est malheureux, sans doute, que les Chambres législatives, que les autorités civiles et judiciaires les plus éminentes soient privées du droit de se faire justice; et l'expo-

sant (qu'il lui soit permis de le dire sans orgueil) avoit prévu et signalé les funestes conséquences de cette disposition. Mais elle existe,
et la Cour des Pairs, comme toute autre, est
réduite à poursuivre ailleurs que devant elle la
réparation des offenses dont elle croit avoir à
se plaindre. Elle doit, comme toute autre,
requérir cette poursuite par une délibération.
Ainsi, le renvoi pur et simple au ministère public seroit inefficace, puisqu'en pareil cas ce
ministère ne peut agir d'office. On a prétendu
considérer le fait dénoncé comme un de ces
délits que les tribunaux ont le droit de répri-
mer par eux-mêmes; mais cette prétention est
contraire au texte précis de la loi, qui ne permet aux tribunaux de venger eux-mêmes leur
autorité que dans un seul cas, celui où l'offense
a été commise sous leurs yeux et dans leur en-
ceinte. Le fait dénoncé n'ayant point ce caractère, la Cour ne pourroit, sans excéder ses
pouvoirs, traduire devant elle l'auteur du délit.
Elle doit se borner à requérir, après avoir entendu le ministère public, les poursuites dont
ce délit est susceptible, et à charger le procureur-général de suivre l'effet de sa délibération.

Un Pair observe que cette marche conviendroit à une cour royale qui ayant autorité sur
les tribunaux de son ressort pourroit se faire

rendre compte des poursuites ordonnées, et veiller à ce que sa dignité ne fût pas compromise. Il n'en est pas de même de la Cour des Pairs, dont la juridiction n'a rien de commun avec les autres tribunaux. Il lui conviendroit mal d'aller en suppliante leur demander justice, et si elle n'a pas le droit de venger elle-même ses offenses, si elle ne peut mander à sa barre l'auteur, le censeur d'un article injurieux, il vaut mieux pour elle renoncer à toute poursuite.

Un autre Pair appuie ces observations. Il ne pense pas que la Cour doive porter plainte devant un tribunal inférieur, et lui remettre le soin de sa considération et de sa dignité; mais aux yeux du noble Pair la Cour a droit d'y veiller elle-même, et il lui propose d'user de ce droit en traitant le fait dénoncé comme un incident du procès.

Un troisième opinant estime qu'une pareille proposition ne sauroit être légèrement admise. Il faut des motifs graves pour établir un précédent de cette nature, et le noble Pair se défie des exemples étrangers, rarement d'accord avec nos mœurs, avec nos habitudes. Chez nous, le droit accordé à un tribunal de venger son injure se restreint aux délits d'audience.

Le fait dénoncé est extérieur. Pourquoi, dans sa poursuite, la Cour s'écarteroit-elle des formes ordinaires ?

Un membre propose de renvoyer la dénonciation au Président du conseil des Ministres. La Cour sans doute demeureroit tranquille si elle savoit que le Gouvernement s'occupât de lui procurer satisfaction. Le peu de temps écoulé depuis le délit n'a pas permis qu'il en eût connoissance. Ne conviendroit-il pas d'attendre l'effet des mesures qu'il pourra prendre dès qu'il en sera informé ?

Un Pair s'oppose à cette attente. L'inaction à laquelle on prétend condamner l'assemblée seroit contraire à ses droits comme Cour de justice. Elle a sous ce rapport deux partis à prendre. Le premier, de considérer le fait dénoncé comme une offense dont elle doit poursuivre la réparation dans les formes ordinaires ; le second de regarder ce fait comme une annexe au procès dont elle est saisie, et d'y statuer immédiatement. L'inconvenance reprochée au premier parti par divers opinants fait vivement desirer au noble Pair qu'il soit possible d'adopter le second. Il demande que M. le procureur-général soit entendu sur cette possibilité.

Un autre Pair déclare qu'il partage l'avis du préopinant sur l'avantage qu'il y auroit à considérer comme annexe au procès le fait dont il s'agit. Mais il lui paroît difficile de l'envisager sous ce rapport. Il faudroit pour autoriser la Cour à le regarder comme tel, qu'un trouble effectif eût été apporté à l'exercice de sa juridiction. L'autre manière d'envisager ce fait est plus naturelle, plus conforme aux principes ; mais elle offre une inconvenance qu'on ne sauroit dissimuler. Quelque opinion qu'adopte la Cour elle n'a de choix qu'entre ces deux partis, et ne peut aucunement rester dans l'inaction.

Un troisième opinant observe qu'il y a dans l'assemblée unanimité sur le fond de la question, c'est-à-dire sur la nécessité d'une poursuite. Ce n'est que sur la forme, c'est-à-dire sur le mode de cette poursuite que les opinions sont divisées. Un moyen de les rapprocher seroit d'entendre sur ce point M. le procureur-général, ainsi que l'a proposé un noble Pair ; l'opinant appuie cette proposition.

Le procureur-général obtient la parole : il a déja eu l'honneur d'exposer à la Cour que l'offense commise envers elle, et dont il sent toute la gravité, ne pouvoit être considérée comme une annexe au procès dont elle est saisie. Il croyoit avoir en même temps suffisamment indiqué la marche qu'il convenoit de suivre. Cette marche est tracée par l'art. 4 de la loi du 26 mai 1819, relatif aux *cas de diffamation ou d'injure contre les cours, tribunaux et autres corps constitués.* Il porte que *la poursuite n'aura lieu qu'après une délibération de ces corps, prise en assemblée générale et réquerant les poursuites.* Il faut donc absolument suivre cette marche, si comme l'exposant l'a précédemment établi, c'est en qualité de cour judiciaire que la Chambre procède en ce moment. Elle voudroit procéder comme Chambre législative qu'une marche semblable lui seroit encore tracée par l'art. 2 de la même loi, suivant lequel : *dans le cas d'offense envers les Chambres ou l'une d'elles par voie de publication, la poursuite n'aura lieu qu'autant que la Chambre qui se croira offensée l'aura autorisée.* Ainsi, dans les deux cas une délibération préalable est nécessaire : comme cour l'assemblée doit *réquerir,* comme Chambre elle devroit *autoriser* les poursuites. Le renvoi pur et simple au Gouvernement ou au ministère public seroit insuffisant dans un cas comme dans l'autre. L'assemblée, en demandant au ministère public ses conclusions, a elle-même décidé qu'elle agissoit comme Cour de justice. Elle a donc à délibérer 1° s'il y a dans l'article dénoncé diffamation et injure envers elle ; 2° si elle entend requérir aux termes de la loi les poursuites au cas appartenantes. Plusieurs membres ont paru craindre que la Chambre ne compromît sa dignité en en demandant justice à un tribunal subalterne. Quelque rang qu'occupe un tribunal dans la hiérarchie judiciaire, c'est au nom du Roi qu'il rend la justice, et dans quelques limites que ses fonctions soient renfermées, elles n'en sont pas moins respectables, pas moins importantes pour le maintien de l'ordre public et la paix de la société. Loin donc d'affoiblir sa considération la Cour des Pairs ne fera qu'y ajouter en donnant aux citoyens le noble exemple d'une entière soumission aux lois qui sont en partie son ouvrage. Le procureur-général conclut à ce que la Cour 1° déclare injurieux et diffamatoire envers elle dans la personne d'un de ses membres l'article inséré dans *la Quotidienne* de ce jour, et relatif au procès dont la Cour est saisie ; 2° ordonne que ledit article sera dénoncé à qui de droit par le procureur-général, pour être procédé conformément à la loi contre les auteurs, éditeurs et distributeurs dudit article.

Ces conclusions prises et déposées sur le bureau, le procureur-général se retire.

La délibération s'établit sur le réquisitoire qu'il a soumis à la Cour.

Un Pair observe que M. le procureur-général n'a pas complétement éclairci la question de connexité qni embarrasse divers opinants. Il seroit pourtant à desirer que cette question fût résolue avant toute délibération.

M. le Président expose qu'elle se trouve résolue par les art. 504 et suivants jusqu'à 507 du code d'instruction criminelle. Selon ces articles, les seuls délits qu'un tribunal, même supérieur tel que la cour de cassation et les cours royales, puisse juger immédiatement et sans désemparer, sont ceux qui ont été commis à son audience.

Un Pair ajoute, pour fixer à cet égard les idées de la Cour, que la connexité proprement dite, celle qui rattache le jugement d'un fait au jugement d'un autre fait, se trouve clairement définie par l'art. 227 du code d'instruction criminelle. Aucune des circonstances indiquées dans cet article n'établit entre la publication dénoncée à la Chambre et le procès qu'elle est appelée à juger, une connexité de ce genre. Il en est une autre qu'on a prétendu fonder sur le droit de chaque tribunal à venger l'honneur de sa jurisdiction. Les articles cités par M. le Président restreignent ce droit aux délits commis en audience publique. On ne peut donc sous aucun rapport traiter comme délit connexe le fait dénoncé à la Cour. Il en résulte que la poursuite de ce délit doit suivre les formes prescrites par la loi du 26 mai 1819, et rappelées dans les conclusions du ministère public. L'opinant appuie ces conclusions.

Un autre Pair observe qu'en les suivant la Cour s'expose au grave inconvénient de voir révoquer en doute, par le jugement à intervenir, la réalité d'un délit dont elle aura reconnu l'existence par son arrêt. Il propose en conséquence de se borner à l'adoption du deuxième chef des conclusions de M. le procureur-général.

L'auteur de la proposition originaire déclare que s'il paroît impossible à la Cour de se faire justice à elle-même, et d'établir dès ce moment sa jurisprudence sur la répression d'un genre de délit dont l'audace n'a pu être prévue par aucune loi, si elle juge convenable à sa dignité d'aller en suppliante réclamer la justice d'un tribunal inférieur, comme il est sur-tout nécessaire qu'un pareil délit ne trouve pas un encouragement dans l'impunité, l'opinant, par le desir d'une décision unanime, se range à l'avis du noble Pair qui tout-à-l'heure vient d'appuyer les conclusions de M. le procureur-général.

Un autre Pair observe que ces conclusions sont conformes à la loi, qui doit être obéie quelque opinion qu'on ait d'ailleurs de la sagesse de ses dispositions. Il réclame la mise aux voix des conclusions dont il s'agit.

M. le Président relit ces conclusions, et annonce qu'il va les mettre aux voix en consultant individuellement sur leur adoption ou leur rejet chacun des membres présents et ayant voix délibérative.

Il est fait en conséquence un appel nominal dont le résultat est l'adoption, à la presque unanimité, des conclusions du procureur-général.

M. le Président le fait rappeler, et en sa présence prononce au nom de la Cour l'arrêt suivant :

ARRÊT DE LA COUR DES PAIRS.

« La Cour des Pairs, statuant sur la dénonciation à elle faite par un de MM. les Pairs,

« Vu l'article inséré dans le numéro de la Quotidienne de ce jour commençant par ces mots : *La Renommée aujourd'hui se réjouit*, etc., et finissant par ceux-ci : *Mieux vaudroit un sage ennemi,*

Vu l'art. 4 de la loi du 26 mai 1819,

« Ouï le procureur-général du Roi en ses dires et réquisitions, lesdites réquisitions par lui déposées, écrites et signées, sur le bureau de la Cour,

« Après en avoir délibéré;

« Attendu que ledit article est injurieux et diffamatoire envers la Cour entière dans la personne d'un de ses membres exerçant près d'elle les fonctions de rapporteur,

Ordonne que ledit article sera dénoncé à qui de droit par le procureur-général du Roi près la Cour, pour être procédé contre les auteurs, éditeurs et distributeurs dudit article, conformément à la loi. »

Cet arrêt prononcé, le procureur-général reprend la lecture de son réquisitoire sur la procédure instruite devant la Cour. Cette lecture est continuée jusqu'à 5 heures et demie.

La Cour alors se sépare avec ajournement à demain, 19 du courant, à onze heures.

Les Président et Secrétaires,

Signé DAMBRAY, président.

Le duc DE DOUDEAUVILLE, le comte RAPP, le maréchal marquis DE BEURNONVILLE, et le vicomte DE MONTMORENCY, secrétaires.

CRIME
LOUVEL.

—

cès-verbal
N° 6.

—

on de 1819.

COUR DES PAIRS.

Séance du vendredi 19 mai 1820,

Présidée par M. le Chancelier.

A onze heures la Cour se réunit, en vertu de l'ajournement prononcé dans la séance d'hier.

M. le Président expose que le temps ayant manqué au rédacteur pour terminer le procès-verbal de cette séance, il ne pourra être mis aujourd'hui sous les yeux de la Cour.

Il est en conséquence procédé immédiatement à l'appel nominal des membres présents. Leur nombre, qui étoit hier de 192, se trouve réduit à 191 par l'absence de M. le comte de Latour-Maubourg. Une lettre de ce Pair annonce que, retenu par une indisposition grave, il ne peut continuer à partager les travaux de l'assemblée.

M. le procureur-général est ensuite introduit, et reprend la lecture déja avancée de son réquisitoire.

Il le termine par les conclusions suivantes :

Conclusions du Procureur-général.

« Le conseiller-d'état, procureur-général du Roi, requiert qu'il plaise à la Cour :

« A l'égard de Jean-François Dubois, traiteur à Paris; Marie-Joséphine Lecomte, sa femme; Edme-Jean-François Giroux, ex-gendarme; Jean-François Hacqueville, jardinier à Gentilly; Pierre Toutain dit l'Éveillé, terrassier à Saint-Cyr près Orléans; et Layet, négociant à Paris.

« A l'égard de Joseph Guillet, maréchal-de-camp; Jacques Renard, écrivain public à Versailles; Jean-Baptiste Vincent; René-Jacques Juglet, tailleur à Moulins près Mortagne; Pierre Hamelot, propriétaire à Tours, et Charles Molus, tisseur à Epehy;

« Attendu qu'il n'y a pas charges suffisantes contre eux,

« Dire qu'il n'y a pas lieu à suivre contre eux;

ordonner que Charles Molus sera mis sur-le-champ en liberté, s'il n'est détenu pour autre cause.

« A l'égard de René Pinat, cabaretier à Pacy-sur-Eure,

« Attendu qu'il n'y a pas charges suffisantes contre lui,

« Dire qu'il n'y a pas lieu à suivre devant la Cour des Pairs ;

« Mais attendu que ledit Pinat est inculpé dans l'instruction de violences exercées contre un agent de la force publique, délit prévu par l'art. 230 du code pénal, renvoyer ledit Pinat devant le juge d'instruction d'Evreux.

« A l'égard de Marin, boucher à Mantes, et de Bourdin, tailleur à Rouen,

« Attendu qu'il n'y a contre eux charges suffisantes,

« Dire qu'il n'y a pas lieu à suivre devant la Cour des Pairs ;

« Mais attendu que lesdits Marin et Bourdin sont inculpés dans l'instruction de s'être rendus coupables d'offenses envers les membres de la Famille royale, délit prévu par l'art. 10 de la loi du 17 mai 1819,

« Renvoyer lesdits Marin en état de mandat d'amener devant le juge d'Evreux, arrondissement dans lequel le délit a été commis, et Bourdin en état de mandat d'amener devant le juge de Rouen.

« A l'égard de François Thomas, fourrier de la légion des Vosges, et d'Alexis Duval, sous-officier de la première compagnie sédentaire à Châlons-sur-Marne;

« Attendu qu'il n'y a charges suffisantes,

« Dire qu'il n'y a lieu à suivre devant la Cour des Pairs;

« Et néanmoins attendu la conduite repré-hensible qu'ils ont tenue comme militaires,

« Les mettre à la disposition du Ministre de la guerre.

« A l'égard d'Androphile Mauvais, ex-lieutenant,

« Attendu qu'il n'y a charges suffisantes,

« Dire qu'il n'y a lieu à suivre contre ledit Androphile Mauvais devant la Cour des Pairs;

« Mais attendu que ledit Mauvais est inculpé dans l'instruction, d'avoir connu au moins un complot contre la sûreté intérieure de l'État, qu'il n'auroit pas et n'a pas encore révélé, crime prévu par l'art. 103 du code pénal, le renvoyer en état de mandat de dépôt devant le procureur du Roi de Paris.

« Enfin à l'égard de Louis-Pierre Louvel, garçon sellier,

« Attendu qu'il a contre lui charges suffisantes d'avoir commis un attentat contre la personne d'un membre de la Famille royale, crime prévu par l'art. 87 du code pénal,

« Donner acte au procureur-général du Roi de la présentation qu'il fait à la Chambre de l'acte d'accusation contre ledit Louvel,

« Ordonner 1° que ledit Louis-Pierre Louvel sera pris au corps, et conduit dans telle maison de justice qu'il plaira à la Cour d'établir près d'elle, sur les registres de laquelle maison ledit accusé sera écroué par l'un des huissiers de la Cour;

« 2° Que les débats s'ouvriront au jour qu'il lui plaira fixer;

« 3° Que l'acte d'accusation et le présent réquisitoire seront annexés à l'arrêt à intervenir.

Fait au parquet de la Cour des Pairs, ce 12 mai 1820.

Signé BELLART.

Lecture faite des conclusions ci-dessus, M. le procureur-général dépose, signé de lui, sur le bureau, le réquisitoire qu'elles terminent.

Il y dépose pareillement l'acte d'accusation rédigé en conséquence, et dont il a préalablement fait lecture.

Acte de ce dépôt lui est donné au nom de la Cour par M. le Président, après quoi il se retire.

Lui retiré, M. le Président consulte l'assemblée pour savoir si elle veut ouvrir immédiatement la délibération sur le réquisitoire de M. le procureur-général.

La Cour ordonne que la délibération sera immédiatement ouverte.

Celui de MM. les commissaires qui a fait le rapport, observe que durant sa lecture plusieurs membres ont témoigné le desir d'avoir des éclaircissements plus étendus sur quelques points de l'instruction. Avant de passer outre, ne conviendroit-il pas d'éclaircir les doutes qu'ils peuvent conserver à cet égard? On discuteroit ainsi tous les faits sur lesquels, aux yeux de quelques personnes, il pourroit sembler utile d'ordonner une information ultérieure, et ce n'est qu'après cette discussion que la Cour aborderoit les conclusions directes de M. le procureur-général.

La proposition de M. le rapporteur est appuyée par divers membres.

Un Pair estime que la Cour a dû se convaincre, tant par le rapport de ses commissaires que par le réquisitoire de M. le procureur-général, du soin avec lequel, sur tous les points susceptibles d'éclaircissement, l'instruction avoit été suivie. Il paroît difficile d'y rien ajouter. Mais la lecture des pièces, dont le rapport et le réquisitoire ne présentent qu'un extrait, ne pourra lever les doutes qui resteroient encore sur certains faits plus ou moins sommairement présentés. Pour établir quelque ordre dans les explications qui seroient demandées sur ces faits, on pourroit adopter celui que leur assigne le réquisitoire sur lequel en ce moment la délibération est ouverte.

L'un de MM. les commissaires propose de suivre la forme usitée dans les cours de justice. Elle consiste dans un appel nominal, lors duquel est adressée à chaque membre, en commençant par le plus jeune, la question de savoir s'il a de nouveaux éclaircissements à demander sur quelques points de l'instruction.

La Cour adopte la proposition de son commissaire.

Il est en conséquence procédé par M. le Président à un appel nominal, lors duquel il adresse à chaque Pair la question de savoir s'il a de nouveaux éclaircissements à demander.

Divers membres ayant répondu affirmativement à cette question, la Cour s'ajourne à demain onze heures pour entendre les éclaircissements qui seront donnés par le rapporteur, et délibérer ensuite sur le réquisitoire.

La séance est levée à cinq heures et demie.

Les Président et Secrétaires,

Signé DAMBRAY, président.

Le duc DE DOUDEAUVILLE, le comte RAPP, le maréchal marquis DE BEURNONVILLE, et le vicomte DE MONTMORENCY, secrétaires.

RIME
LOUVEL.

cès-verbal
N° 7.

ion de 1819.

COUR DES PAIRS.

Séance du samedi 20 mai 1820.

Présidée par M. le Chancelier.

A onze heures la Cour se réunit.

Le Greffier, sur l'ordre de M. le Président, fait lecture du procès-verbal de la séance d'hier.

Sa rédaction est adoptée.

Il est ensuite procédé à l'appel nominal des membres présents. Leur nombre, constaté par cet appel, est comme hier de 190.

M. le Président met sous les yeux de la Cour la liste des Pairs qui dans la dernière séance ont demandé des éclaircissements sur divers points de l'instruction. Il annonce qu'il va être satisfait à ces demandes, en suivant l'ordre dans lequel elles ont été présentées, lors de l'appel nominal qui a eu lieu pour cet objet.

Chaque Pair est en conséquence invité à reproduire sa demande, et à fixer avec précision les éclaircissements qu'il desire.

A mesure que les demandes sont reproduites, il y est satisfait tant par la lecture des pièces que par les observations verbales de MM. les commissaires.

A l'exception d'un seul Pair qui relativement au numéro 42 insiste sur la demande d'une instruction supplémentaire, tous déclarent se contenter des éclaircissements qu'ils ont obtenus.

Il est statué négativement par la Cour sur la demande relative au numéro 42.

Dans le cours de la discussion, M. le rapporteur ayant produit à l'appui des explications par lui données sur le numéro 102, une lettre qu'il a reçue du maire de Passy, près Paris, sous la date du 26 avril dernier, un Pair demande que cette lettre soit déposée sur le bureau, et jointe aux pièces du procès pour être communiquée à M. le procureur-général.

Ce dépôt est de suite effectué par M. le rapporteur, et la lettre dont il s'agit, paraphée

par lui, par M. le Président et par le greffier,
est jointe aux piéces du procès.

A l'occasion du même numéro, et de l'instruction qui a eu lieu sur le fait qu'il désigne,
M. le rapporteur soumet à la Cour différentes
observations sur le droit qu'aux termes de l'article 32 du code d'instruction criminelle, a cru
avoir M. le procureur-général, d'assister aux
divers actes de la procédure instruite sur l'attentat du 13 février. Malgré les *précédents* favo-
rables qui paroissent appuyer cette prétention, M. le rapporteur estime qu'on pourroit
lui opposer avec succès les articles 56, 60 et 61
du même code. Il auroit, par ce motif, refusé
de concourir à une instruction dont l'objet eût
été moins grave que celui dont la Cour est saisie en ce moment. Mais dans la circonstance
actuelle, un pareil refus pouvant être diverse-
ment interprété, il a cru devoir s'en abstenir,
et n'a point réclamé contre une assistance qui,
si elle n'est pas autorisée, n'est pas du moins
formellement exclue par la loi. Il se borne à
présenter à la Cour des réflexions qui, pour
une autre circonstance où il pourroit lui con-
venir de décider la question, resteront con-
signées dans son procès-verbal.

Les différents points de l'instruction sur lesquels il n'a point été pris de conclusions par le ministère public se trouvant éclaircis, et les faits qu'il ne propose point de rattacher au procès en étant écartés, M. le Président appelle la délibération de la Cour sur les chefs de conclusion compris dans le réquisitoire de M. le procureur-général.

Plusieurs membres observent que l'heure est trop avancée pour entamer aujourd'hui une délibération si importante. L'un d'eux ajoute que la remise est d'autant plus nécessaire qu'aux termes de l'article 225 du code d'instruction criminelle, lorsqu'il s'agit d'une mise en accusation les juges doivent délibérer entre eux *sans désemparer, et sans communiquer avec personne.*

M. le Président ne pense pas que cette régle soit rigoureusement obligatoire pour la Cour, sur-tout dans une affaire aussi chargée que celle dont elle s'occupe en ce moment. Il estime pourtant qu'elle doit s'en rapprocher autant que possible, en n'ouvrant la délibération dont il s'agit qu'avec l'espoir au moins probable de l'achever sans interruption. Il propose en conséquence , et attendu la fête solennelle de demain, d'ajourner à lundi toute délibération ultérieure.

Cette proposition est adoptée.

M. le Président léve la séance, après avoir ajourné l'assemblée à lundi prochain, 22 du courant, à 10 heures.

Les Président et Secrétaires,

Signé DAMBRAY, président.

Le duc DE DOUDEAUVILLE, le comte RAPP, le maréchal marquis DE BEURNONVILLE, et le vicomte DE MONTMORENCY, secrétaires.

RIME
LOUVEL.

ès-verbal
° 8.

de 1819.

COUR DES PAIRS.

Séance du lundi 22 mai 1820.

Présidée par M. le Chancelier.

A dix heures la Cour se réunit, en vertu de l'ajournement porté au procès-verbal de la séance du 20 de ce mois.

Lecture faite de ce procès-verbal, sa rédaction est adoptée.

Il est ensuite procédé à l'appel nominal des membres présents. Leur nombre, qui dans la dernière séance étoit de 190, se trouve réduit à 187 par l'absence de MM. le maréchal marquis de Vioménil, le maréchal duc de Dantzick, et le marquis d'Harcourt, tous trois indisposés.

La Cour ayant renvoyé à cette séance l'ouverture de sa délibération sur les conclusions de M. le procureur-général, relativement aux individus contre lesquels il a été décerné des mandats d'amener, de dépôt ou d'arrêt, M. le Président annonce que cette délibération est ouverte.

Avant de soumettre à l'assemblée les différentes questions sur lesquelles elle aura successivement à prononcer, M. le Président lui retrace en peu de mots l'importance des fonctions qu'elle est appelée à remplir, l'attention, le calme et la dignité qu'elle doit apporter dans leur exercice.

Dix-neuf individus sont l'objet des conclusions prises par M. le procureur-général dans le réquisitoire par lui déposé sur le bureau de la Cour. Il conclut, à l'égard de douze d'entre eux, qu'il n'y a pas lieu à suivre faute de charges suffisantes ; à l'égard de six autres, qu'il n'y a pas lieu à suivre devant la Cour des Pairs, également faute de charges suffisantes ; mais attendu que parmi ceux-ci quatre se trouvent inculpés de crimes ou délits étrangers au procès, attendu que les deux autres ont tenu, comme militaires, une conduite répréhensible, il propose de renvoyer les

premiers devant les juges du lieu, et de remettre les autres à la disposition du Ministre
de la guerre. Quant au dix-neuvième individu,
M. le procureur-général conclut à sa mise en
accusation devant la Cour.

En suivant l'ordre établi par le réquisitoire,
M. le Président appelle d'abord la délibération
de l'assemblée sur les douze inculpés, contre
lesquels M. le procureur-général propose à la
Cour de déclarer qu'il n'y a lieu à suivre faute
de charges suffisantes.

Ces inculpés sont :

Jean-François Dubois, traiteur à Paris ;

Marie-Joséphine Lecomte, sa femme ;

Edme-Jean-François Giroux, ex-gendarme
à Pontoise ;

Jean-François Hacqueville, jardinier à Gentilly.

Pierre Toutain, dit l'Éveillé, terrassier à
Saint-Cyr, près Orléans ;

Jean-Baptiste Layet, négociant à Paris,
ayant demeuré à Longwy ;

Joseph Guillet, se disant maréchal-de-camp.

Jean-Baptiste Vincent, ex-agent de police ;

Jacques Renard, écrivain public à Versailles ;

René-Jacques Juglet , tailleur à Moulins , près Mortagne;

Pierre Hamelot, propriétaire à Tours;

Et Pierre-Charles Molus, tisseur à Epéhy.

M. le Président observe que le motif commun donné par M. le procureur à ses conclusions sur chacun des douze inculpés qu'il comprend dans cette première catégorie, supposeroit entre eux une identité de position qui semble contredite par les faits. On ne peut, en comparant à leur égard les résultats de la procédure, s'empêcher d'admettre dans leur position respective la différence indiquée par l'article 229 du code d'instruction criminelle, et de partager les prévenus en deux classes, ceux contre lesquels on *n'aperçoit aucune trace d'un délit prévu par la loi*, et ceux contre lesquels on *ne trouve pas des indices suffisants de culpabilité*. A la première classe appartiennent évidemment Dubois, sa femme, et J.-B. Layet. Quelques autres pourront encore s'y rattacher. On ne rendroit à cette classe de prévenus qu'une justice incomplète en déclarant à leur égard qu'il n'y a lieu à suivre *faute de charges suffisantes*. La vérité est qu'il n'existe contre eux aucunes charges, et la Cour sans doute jugera convenable de le reconnoître par son arrêt.

Divers membres appuient la distinction proposée. L'un d'eux établit que les conclusions de M. le procureur-général ne peuvent être une loi pour la Cour, et qu'en statuant sur chaque prévenu c'est par les résultats de l'instruction qu'elle doit se déterminer. L'autre ajoute qu'avant le code la raison avoit distingué entre le prévenu dont la conduite ne mérite aucun reproche, et celui contre lequel ne paroissent pas suffisamment justifiés les reproches qu'on lui adresse. Seroit-il raisonnable de faire partager au premier l'espèce de défaveur qui résulteroit d'un motif applicable seulement au second; et la Cour, pour être juste envers l'un et l'autre, ne doit-elle pas énoncer dans son arrêt la différence qu'elle met entre eux dans son opinion?

L'un de MM. les commissaires annonce que la distinction réclamée a été convenue hier entre eux et M. le procureur-général.

La Cour, adoptant cette distinction, arrête qu'à l'égard des inculpés compris dans la première catégorie, la question sera ainsi posée par M. le Président, lorsqu'il recueillera les opinions : Pensez-vous qu'il n'y a lieu à suivre parcequ'il n'existe aucune trace de délit, ou parcequ'il n'y a point d'indices suffisans de culpabilité? Chaque Pair interrogé répondra, suivant son opinion, *point de trace* ou *point d'indices suffisants.*

M. le Président consulte ensuite l'assemblée pour savoir si elle votera séparément sur cha-que individu, ou si elle comprendra dans un vote commun ceux des prévenus auxquels, par l'identité de leur position, un même mo-tif paroîtroit applicable.

Un Pair observe que le vote séparé étoit d'usage dans l'ancienne jurisprudence, mais le code d'instruction criminelle n'ayant rien prescrit à cet égard, l'opinant estime que la Cour pourroit sans scrupule réunir dans un vote commun plusieurs individus dont la posi-tion seroit la même.

Un autre Pair ajoute que relativement aux individus contre lesquels il n'existe aucune charge, cette réunion, qui épargneroit les moments de l'assemblée, est d'autant moins susceptible d'inconvénient, qu'on ne peut ad-mettre divers degrés d'innocence, comme on admet divers degrés de culpabilité.

Cette opinion est combattue par divers mem-bres. Suivant eux, on ne peut obliger aucun Pair à délibérer sur une proposition complexe; et il suffiroit que la division en fût réclamée par une seule voix pour qu'elle dût être accordée. Le vote collectif nuiroit à l'entière liberté que chaque opinant doit conserver dans la délibération.

Plusieurs membres déclarent qu'ils n'adopteroient l'opinion contraire qu'en la supposant unanime dans l'assemblée. Dès qu'il y a réclamation, ils appuient l'adoption du vote séparé.

D'autres Pairs ajoutent, qu'à part tout autre motif, ce vote convient mieux à l'importance de l'affaire dont la Cour est saisie.

La Cour décide qu'il sera voté séparément sur chacun des prévenus.

M. le Président appelle en conséquence la délibération sur Jean-François Dubois, celui d'entre eux qui se présente le premier dans l'ordre des conclusions de M. le procureur-général.

Il est donné lecture à la Cour de la partie des conclusions relative à ce prévenu. M. le rapporteur remet ensuite sous les yeux de l'assemblée ce qui le concerne dans l'instruction.

La question est posée à son égard dans les termes adoptés par la Cour. Un appel nominal fait sur cette question, dans l'ordre inverse de l'ancienneté de réception des opinants, donne pour réponse : Qu'il n'y a lieu à suivre contre Dubois, *attendu qu'il n'existe à son égard aucune trace d'un délit prévu par la loi.*

La question, posée dans les mêmes termes, est résolue de la même manière à l'égard de Marie-Joséphine Lecomte, femme Dubois.

Elle l'est pareillement à l'égard de Jean-Baptiste Layet, de Jean-François Hacqueville, de Pierre Toutain, dit l'Éveillé, de Jacques Renard et de Pierre Hamelot.

Avant chaque décision, les faits relatifs au prévenu qu'elle intéresse, sont retracés à la Cour par M. le rapporteur. Il est ensuite donné lecture à l'assemblée des dépositions, interrogatoires, et autres pièces qui peuvent éclairer son opinion.

La même forme est suivie, mais avec un résultat différent, à l'égard des cinq autres inculpés compris par M. le procureur-général dans la première catégorie de ses conclusions.

Sur chacun d'eux la question, posée dans les mêmes termes, est résolue par la Cour de la manière suivante : Il n'y a lieu à suivre contre le prévenu, attendu *qu'il n'existe point à son égard d'indices suffisants de culpabilité.*

Il est ainsi statué successivement sur Joseph Guillet, Jean-Baptiste Vincent, Réné-Jacques

Juglet, Edme-François Giroux, et Pierre Charles Molus.

Dans le cours de la délibération, et à l'occasion des faits imputés au nommé Juglet, un membre observe que, dans une circonstance donnée, ces faits constitueroient un délit prévu par la loi, mais dont le jugement n'appartient pas à la Cour. Il ne lui appartient pas davantage peut-être de juger de la circonstance, mais celle-ci restant douteuse, la Cour peut-elle déclarer simplement qu'il n'y a lieu à suivre, et ne doit-elle pas renvoyer le prévenu devant les tribunaux ordinaires?

La discussion s'engage à ce sujet. Divers membres appuient, d'autres combattent le renvoi proposé.

Ceux-ci observent que la Cour, appelée à connoître d'un crime spécial, doit se renfermer strictement dans la connoissance de ce crime. Tout ce qui lui est étranger, le devient par-là même à sa jurisdiction. Elle ne peut ni en connoître, ni en renvoyer la connoissance à d'autres juges, car ce renvoi, par l'examen qu'il suppose, et par la prééminence de la Cour, formeroit un préjugé contre des prévenus dont le sort ne lui est pas soumis. Tout ce qu'elle peut faire à leur égard, c'est de s'abstenir: ses devoirs sont remplis quand elle a déclaré son incompétence. On ne doit pas craindre pour cela que la vindicte publique soit abandonnée. Le procureur-général pour la réclamer, les tribunaux pour faire droit à ses réclamations, n'ont pas besoin du renvoi de la Cour, et parcequ'elle ne se portera pas accusatrice, les inculpés qu'il y auroit lieu de poursuivre ne manqueront pas d'accusateurs. En ordonnant le renvoi dont il s'agit, elle feroit les fonctions de tribunal ordinaire, et elle n'est ici que Cour spéciale. Ce n'est que devant elle-même qu'il lui appartient d'accuser ceux que leur qualité ou la nature de leur délit rendent ses justiciables, elle ne peut accuser ailleurs ceux qu'aucun de ces titres ne soumet à sa justice.

Les défenseurs du renvoi soutiennent qu'on ne peut réduire la Cour à une vaine et stérile déclaration d'incompétence. Il répugne à la raison, autant qu'aux principes constants de la jurisprudence et à l'intérêt général de la société, d'abandonner la poursuite d'un crime parceque le tribunal qui s'en est trouvé saisi n'est pas celui qui devoit en connoître. La Cour, appelée à juger l'attentat du 13 février a dû prendre connoissance des résultats de la procédure instruite devant elle. En examinant ces résultats, que doit-elle faire, sinon de mettre en liberté ceux des prévenus contre lesquels il n'existe aucune charge, de retenir sous sa jurisdiction ceux contre lesquels il y a indices suffisants de complicité dans l'attentat, ou d'un délit connexe, enfin de renvoyer devant leurs juges naturels ceux contre lesquels il y a charge de crimes ou délits étrangers à ses attributions? Elle ne peut, sans doute, indiquer par le renvoi un tribunal particulier, parceque tout réglement de juges est hors de sa compétence; mais elle doit renvoyer l'affaire devant les juges qui doivent en connoître. Ce renvoi, loin d'excéder ses pouvoirs, est une conséquence nécessaire de sa jurisdiction. Comment, en effet, pourroit-elle reconnoître son incompétence sans reconnoître en même temps, sur le fait dont il s'agit, la compétence des tribunaux ordinaires? La question se réduit donc à savoir s'il y a dans l'espéce charge ou indice d'un délit prévu par la loi. Cette question décidée, le renvoi ne peut souffrir de difficulté.

L'un des préopinants estime que pour décider cette question même, il faudroit se livrer à un examen qui excéde la compétence de la Cour. Il demande qu'elle se borne à déclarer qu'*il n'y a lieu à suivre devant elle.*

Un autre propose d'étendre cette formule à tous les cas où la mise en accusation ne seroit pas prononcée. En déclarant absolument qu'*il n'y a lieu à suivre,* la Cour affranchit le prévenu de toute poursuite; mais a-t-elle ce droit relativement à des faits étrangers à sa compétence?

M. le Président observe que la proposition du noble Pair ne tend à rien moins qu'à faire annuler par la Cour les divers arrêts qu'elle vient de rendre, et dont le bénéfice est acquis aux prévenus.

Un Pair ajoute qu'on ne peut contester à la première Cour du royaume un droit inhérent à la plus mince jurisdiction, celui de rendre la liberté aux individus qu'elle en a privés sur une présomption qui se trouve ensuite démentie par les faits. Le pouvoir de condamner suppose celui d'absoudre, et la Cour seroit, à l'égard des prévenus, dans une étrange situation, si, toute-puissante contre eux, elle ne pouvoit rien en leur faveur; si, réduite à constater le crime, il lui étoit interdit de reconnoître et de proclamer l'innocence.

Divers membres appuient et développent cette doctrine.

Un Pair soutient, à l'appui de l'opinion contraire, que la Cour ne pourroit libérer complétement les prévenus qu'en exerçant à leur égard les fonctions de chambre d'accusation ; mais elle ne peut remplir ces fonctions que sur les faits de sa compétence. Elle ne peut donc prononcer sur les autres : or, ce seroit y prononcer, que de déclarer d'une manière absolue, à l'égard de ceux-ci, qu'*il n'y a lieu à suivre*. Cette assertion est tellement vraie, qu'après un semblable prononcé, le prévenu, qu'il décharge, ne pourroit être mis de nouveau en jugement pour les mêmes faits. Il y auroit donc excès de pouvoir dans la déclaration dont il s'agit.

L'un des préopinants observe, en faveur de cette déclaration, que les faits auxquels elle s'applique ont eu, dans le principe, une connexité au moins apparente avec le procès dont la Cour est saisie. Elle a été, par ce motif, suffisamment autorisée à en prendre connoissance. Quand cette connoissance lui démontre, ou que ces faits ne sont pas constants, ou qu'ils ne constituent pas un délit prévu par la loi, n'est-il pas de son devoir de le reconnoître, et de dégager les prévenus des liens du mandat qu'elle a décerné contre eux ? Pourroit-elle, sans injustice, les exposer par une simple déclaration d'incompétence aux chances d'un nouveau procès? La Cour, a-t-on dit, n'exerce les fonctions de Chambre d'accusation que pour ses propres justiciables : sans doute; mais c'est parcequ'elle a été fondée à regarder comme tels les prévenus dont il s'agit, qu'elle les a d'abord appelés devant elle. Si, à ce titre, elle a eu le droit de les y appeler, comment n'auroit-elle pas, au même titre, celui de les renvoyer, soit déchargés de toute prévention lorsqu'elle n'aperçoit aucune trace de délit, soit en état de prévention lorsqu'il y a indice suffisant d'un délit attribué à d'autres juges? C'est ainsi qu'en agit toute chambre d'accusation, aux termes précis des art. 229 et 230 du code d'instruction criminelle. Une simple déclaration d'incompétence blesseroit, dans le premier cas, les principes de la justice; elle compromettroit, dans le second, les intérêts de la société.

Un membre propose une rédaction qu'il croit propre à concilier les différentes opinions. Suivant cette rédaction, la Cour déclareroit qu'il n'y a lieu à suivre devant elle; mais, au lieu de renvoyer les prévenus devant d'autres juges, elle ordonneroit qu'ils seront remis à la disposition de M. le procureur-général.

On réclame la priorité en faveur de cette rédaction. L'un des opinants qui l'appuient observe qu'en l'adoptant la Cour fera justement ce qu'elle doit faire, et rien autre chose. Elle doit déclarer son incompétence, et elle la déclarera; mais elle n'a pu, sur des faits étrangers au procès dont elle est saisie, pousser l'instruction assez loin pour juger en pleine connoissance de cause s'il y a ou non délit prévu par la loi, et il répugneroit à sa justice d'émettre à cet égard une opinion qui pourroit influer d'une manière défavorable sur le sort du prévenu. La rédaction proposée lui offre un moyen d'éviter toute explication, sans craindre pourtant de compromettre, comme elle pourroit le faire par une libération absolue du prévenu, les intérêts de la société. Un autre opinant ajoute que, dans l'espèce particulière sur laquelle en ce moment la discussion est engagée, il ne s'agit pas seulement de savoir si la Cour peut renvoyer à d'autres juges la connoissance d'un délit étranger à ses attributions, mais si elle peut renvoyer comme délit un fait qui ne deviendroit tel que par l'addition d'une circonstance qu'avant tout il faut déterminer. Si, d'après la gravité des inculpations, il paroît

difficile de proclamer l'innocence du prévenu,
il n'est peut-être guère moins embarrassant de se
décider sur la circonstance qui seule, aux yeux
de la loi, le rendroit coupable. Cette difficulté,
parfaitement sentie par l'auteur de la rédaction,
disparoît devant le moyen qu'il propose.

M. le rapporteur s'étonne de voir la Cour se
faire un scrupule d'user d'un pouvoir qui dans
le cours de l'instruction a été souvent exercé
par ses commissaires. Ils ont en son nom relâ-
ché divers prévenus contre lesquels il ne s'est
trouvé aucune charge, ils ont renvoyé devant
les juges ordinaires d'autres prévenus dont le
délit n'avoit aucun rapport avec l'attentat du
13 février. Ce qu'ils ont fait, ce qu'ils ont dû
faire deviendroit-il un excès de pouvoirs de la
part de l'assemblée? Se croiroit-elle privée d'un
droit qui leur appartînt et dont l'usage n'a
excité aucune réclamation? A qui donc seroit-il
réservé d'annuler ou de maintenir les mandats
qu'ils ont décernés? On propose de remettre
les prévenus à la disposition de M. le procureur-général; mais à quel titre une pareille
remise seroit-elle ordonnée? C'est à la Cour à
statuer elle-même sur leur sort, et elle ne peut
y statuer que de deux manières, ou en les met-

tant en liberté, ou en les renvoyant à d'autres juges.

Un membre estime que dans les faits imputés aux prévenus, la Cour ne doit envisager que leur rapport avec le procès dont elle est saisie. Ce n'est qu'à raison de ce rapport qu'elle a pu amener les prévenus devant elle, en décernant contre eux les mandats dont ils se trouvent atteints. Dès qu'à ses yeux ce rapport n'existe plus, elle doit mettre indistinctement tous les prévenus en liberté, sauf au procureur-général à reprendre contre eux les poursuites dont ils seroient susceptibles sous un autre rapport.

Un autre membre, celui même qui a élevé la question du renvoi, déclare qu'il adopte l'expédient proposé. Il satisfait dans son opinion à ce qu'exige l'ordre public, puisqu'en déclarant son incompétence la Cour mettra les prévenus à la disposition du procureur-général, autorisé par l'art. 22 du code d'instruction criminelle à les poursuivre s'il y a lieu. Il sauve à la Cour l'embarras de se décider sur des faits qui, étrangers à celui dont elle doit exclusivement s'occuper, n'ont pu être devant elle l'objet d'une suffisante instruction. Il lui offre enfin, sans aucun retour sur les décisions déja prises, et qui ne concernent que des prévenus dont l'innocence est déclarée, l'avantage d'une décision uniforme sur tous les prévenus dont les délits ne sont pas de sa compétence.

M. le Président observe que l'expédient proposé s'appliqueroit difficilement au cas particulier sur lequel on délibère. A part la circonstance qui rendroit coupable aux yeux de la loi le prévenu dont il s'agit, circonstance sur laquelle on trouve de l'embarras à s'expliquer, il ne reste absolument rien contre le nommé Juglet. Sa condition est donc la même que celle des prévenus à l'égard desquels on a déclaré qu'il n'y avoit lieu à suivre faute de charges ou du moins faute de charges suffisantes, et la question à son égard paroît devoir être posée dans les mêmes termes.

Aucune voix n'insistant pour une position différente, la question est posée à l'égard du nommé Juglet comme elle l'a été précédemment à l'égard des divers prévenus.

Elle l'est pareillement et sans réclamation à l'égard des autres inculpés compris dans la première catégorie.

La seconde se compose de six individus à l'égard desquels M. le procureur-général est d'avis qu'il n'y a lieu à suivre devant la Cour, mais dont il propose le renvoi devant les juges ordinaires.

Ces individus sont René Pinat, aubergiste à Pacy-sur-Eure ;

Marin, boucher à Mantes (absent) ;

Jean-Baptiste Bourdin, tailleur à Rouen ;

François Thomas, fourrier dans la légion des Vosges.

Alexis Duval, sous-officier de vétérans à Châlons,

Et Androphile Mauvais, ex-lieutenant d'artillerie de marine.

La délibération s'établit sur le premier des inculpés, René Pinat, que M. le procureur-général propose de renvoyer devant le juge d'Evreux, pour voies de fait envers la force publique.

Divers membres observent qu'en proposant ce renvoi, M. le procureur-général n'a point établi les principes qui autoriseroient la Cour à l'ordonner. Ils demandent que ce magistrat soit invité à s'expliquer à cet égard.

D'autres membres s'opposent à ce que M. le procureur-général soit de nouveau entendu.

La discussion s'engage sur la question de savoir s'il peut et doit l'être.

On invoque, en faveur de l'affirmative, la

nécessité d'entendre le ministère public sur tout objet de délibération, et l'utilité particulière des éclaircissements qu'il pourroit donner à la Cour dans la circonstance actuelle.

Pour la négative, on s'appuie sur l'usage contraire des tribunaux, où le ministère public n'est point rappelé quand une fois il a été entendu. On ajoute que M. le procureur-général a donné à son réquisitoire des développements qui ne peuvent rien laisser à desirer à la Cour.

Un Pair estime que si elle avoit encore besoin de quelques éclaircissements, c'est par ses commissaires qu'ils devroient lui être donnés.

Un autre Pair considère la question du renvoi comme suffisamment éclaircie par la discussion qui vient d'avoir lieu dans cette séance. Il en résulte, du moins pour l'opinant, que la Cour a le droit de renvoyer aux tribunaux ordinaires la connoissance des délits étrangers à sa jurisdiction. Le seul droit qu'on pût lui contester, est celui de désigner particulièrement le tribunal qui doit en connoître.

Suivant un troisième opinant, ce droit lui-même appartient à la Cour, comme chambre d'accusation, aux termes de l'art. 231 du code d'instruction criminelle.

Un quatrième opinant persiste à croire que la Cour doit s'abstenir de tout renvoi. Dans quelques termes qu'il fût conçu, il formeroit contre les prévenus un préjugé qui répugne à la justice de l'assemblée. Elle doit donc se borner à déclarer son incompétence à leur égard, en laissant au procureur-général le soin d'informer la justice ordinaire des faits à leur charge qui pourroient donner lieu à d'autres poursuites.

Un Pair insiste sur la nécessité d'un renvoi spécial qui dessaisisse la Cour, et abandonne à leurs juges naturels les prévenus dont elle ne peut s'occuper. Que deviendroient-ils sans ce renvoi? qui statueroit sur les mandats contre eux décernés, et que la Cour n'auroit ainsi ni annulés, ni maintenus? Si c'est pour elle un devoir de proclamer l'innocence des prévenus contre lesquels il n'existe aucune charge, c'en est un aussi de procurer à ceux qu'elle ne peut absoudre les moyens de se faire rendre justice. L'opinant propose de renvoyer chacun de ces derniers devant le tribunal dont il est justiciable.

D'autres Pairs appuient, soit le renvoi à qui de droit, sans indication d'un tribunal particulier, soit la simple déclaration d'incompé-

tence, sauf la poursuite des tribunaux ordinaires.

Un membre demande que M. le rapporteur
soit invité à développer les principes qui, sur
cette matière, doivent fixer l'opinion de la
Cour.

Un autre propose d'entendre M. le procureur-général sur les motifs de ses conclusions.

Le rapporteur annonce qu'il lui seroit difficile de s'expliquer à l'instant même sur une
question aussi neuve qu'importante. Il propose
à la Cour d'ajourner à demain sa délibération
et l'audition, soit de ses commissaires, soit
du procureur-général.

On oppose à cet ajournement la disposition
de l'article 225 du code d'instruction criminelle, qui oblige les juges à délibérer sur la
mise en accusation *sans désemparer et sans communiquer avec personne.*

M. le Président observe que la disposition
dont il s'agit ne sauroit être rigoureusement
entendue. Toute obligation a pour limite l'impossibilité d'y satisfaire, et l'exécution littérale
de l'art. 225 seroit physiquement impossible
avec une assemblée de deux cents membres, et
dans une affaire aussi chargée que celle dont
la Cour est saisie. L'art. 343 impose aux jurés,

lorsqu'ils délibèrent sur le fait, une pareille obligation, et toutefois on les en a vu dispensés dans une affaire également célèbre par l'atrocité de ses détails et par le grand nombre des accusés. Ici l'examen préalable d'une question importante, et sur laquelle en ce moment on n'est point préparé, la lecture des piéces et la discussion des faits relatifs aux sept individus qui restent en jugement, la décision à prendre sur chacun d'eux, par voie d'appel nominal, enfin la rédaction et la signature de l'arrêt ne laissent à la Cour aucun espoir de terminer aujourd'hui sa délibération. Elle peut donc sans scrupule en ajourner la suite à une prochaine séance.

Les observations de M. le Président sont appuyées par les commissaires de la cour. L'un d'eux a vu, depuis vingt ans, la Cour royale de Paris s'y conformer dans l'usage. Une interprétation plus rigoureuse mettroit la loi hors de la portée des forces humaines. On peut d'ailleurs considérer comme une délibération séparée chaque décision relative à un prévenu, et sous ce rapport la Cour a terminé dans cette séance douze délibérations. Quel motif pourroit l'empêcher de remettre à demain les sept autres?

Un Pair ajoute que l'art. 353 du code semble fournir une induction favorable à l'ajournement proposé. Suivant cet article, l'examen et les débats, une fois entamés, *doivent être continués sans interruption.* Cependant le même article permet au Président de les suspendre *pendant les intervalles nécessaires pour le repos des juges, des jurés, des témoins, et des accusés.*

La Cour ajourne à demain la suite de sa délibération.

Il restoit à statuer sur la question de savoir si M. le procureur-général seroit de nouveau entendu.

Les moyens allégués pour ou contre son audition sont une seconde fois reproduits.

La Cour décide qu'il sera entendu.

Un Pair demande que, pour mettre le procureur-général à portée de donner à la Cour les éclaircissements qu'elle desire, on fixe dès à présent et qu'on lui communique d'avance l'état de la question.

M. le Président observe que la question se réduit à savoir sur quels motifs est appuyée la proposition faite par le procureur-général de renvoyer à d'autres juges, indiqués dans son réquisitoire, les divers prévenus qui se trouvent inculpés de délits étrangers à la compétence de la Cour. Si l'assemblée n'y voit aucun inconvénient, cette question pourroit être, dès aujourd'hui, communiquée par M. le Président au procureur-général, qui se rendroit demain à l'audience de la Cour pour lui donner les éclaircissements desirés.

Aucune réclamation ne s'élevant à cet égard, M. le Président lève la séance avec ajournement à demain mardi, 23 du courant, à dix heures.

Les Président et Secrétaires,

Signé DAMBRAY, président.

Le duc DE DOUDEAUVILLE, le comte RAPP, le maréchal marquis DE BEURNONVILLE, et le vicomte DE MONTMORENCY, secrétaires.

CRIME
LOUVEL.

cès-verbal
N° 9.

on de 1819.

COUR DES PAIRS.

Séance du mardi 23 mai 1820,

Présidée par M. le Chancelier.

A dix heures la Cour se réunit, en vertu de l'ajournement prononcé dans la séance d'hier.

Le procès-verbal de cette séance ne pouvant être mis aujourd'hui sous les yeux de l'assemblée, il est de suite procédé à l'appel nominal des membres présents.

Cet appel, fait par le Greffier de la Cour, constate la présence des 187 Pairs qui ont assisté hier au commencement de la délibération.

Avant d'en reprendre la suite, la Cour avoit à se décider sur une question importante, celle

14

du renvoi proposé par le procureur-général
relativement à divers prévenus.

M. le Président observe que la Cour n'a rempli qu'une partie de ses devoirs en rendant à
la liberté ceux des prévenus contre lesquels il
n'existoit aucunes charges. Il lui reste à statuer sur ceux contre lesquels il y a charge
suffisante de délits étrangers à sa compétence.
Elle ne peut laisser dépérir entre ses mains les
preuves de ces délits, qui se trouveroient ac-
quises par l'instruction. Il faut donc qu'elle les
transmette aux tribunaux chargés par la loi
d'en apprécier le mérite. Hors d'état de juger les
prévenus, il faut au moins qu'elle leur assure
des juges. C'est une dette qu'elle a contractée
à leur égard en les appelant devant elle. C'est
encore une dette envers la société. L'article 29
du code d'instruction criminelle oblige en effet
toute autorité constituée à dénoncer au ministère public chargé de la poursuite des crimes
tous ceux dont elle acquerroit connoissance
dans l'exercice de ses fonctions. On ne peut
donc élever aucun doute ni sur la nécessité du
renvoi, ni sur le droit de la Cour à l'ordonner.
Il ne peut y avoir de difficulté que sur la forme.
Divers membres ayant témoigné le desir d'entendre à ce sujet M. le procureur-général, et

de connoître les motifs du renvoi déterminé
qu'il propose, la Cour a consenti à lui donner
audience. Il en a été prévenu, et n'attend que
les ordres de l'assemblée pour venir lui exposer
les motifs de ses conclusions.

L'ordre est donné d'introduire M. le procureur-
général, qui, invité à s'expliquer sur le renvoi
qu'il propose, déclare que s'il a négligé d'en exprimer les motifs, c'est qu'habitué à voir chaque
jour prononcer sans difficulté des renvois de
cette nature, il avoit une conviction trop intime
des principes qui les motivent pour se persuader
qu'ils eussent besoin d'être développés. C'est
une disposition générale de l'esprit humain que
cette facilité à regarder comme indubitables
pour autrui les vérités qui nous sont familières.
Entraîné par cette disposition, l'exposant étoit
loin d'imaginer que la première Cour du royaume pût regarder comme excédant ses pouvoirs
un droit qui appartient au plus simple tribunal, et se croire exclue, dans la haute protec-
tion qu'elle doit à la société, de tout concours
à la répression des crimes qui la troublent,
quand ce concours est non seulement un droit
mais un devoir pour chaque citoyen. Quant
aux principes, le procureur-général, pour les
établir, distingue deux sortes de fonctions dans

l'exercice du pouvoir judiciaire appliqué à la
justice criminelle. Les unes, qu'il appelle de décision, consistent pour chaque tribunal à reconnoître et proclamer sur le vu des charges
et dans les limites de sa jurisdiction, l'innocence ou la culpabilité des prévenus; les autres
qu'il appelle de surveillance consistent à distinguer dans ces mêmes charges les preuves ou
indices de délits étrangers à ses attributions,
et à renvoyer les auteurs présumés de ces délits devant les juges qui doivent en connoître.
C'est au premier de ces titres qu'il appartient
à la Cour de prononcer, tant sur la mise en
accusation du principal inculpé que sur le
sort des prévenus à l'égard desquels il n'y a
lieu à suivre. C'est au second qu'il lui appartient de renvoyer devant leurs juges naturels
ceux des prévenus contre lesquels il existe
charge suffisante d'autres délits. En ordonnant
ce renvoi, la Cour ne feroit que se dessaisir
d'une poursuite qu'elle ne peut achever, elle
n'exprimeroit aucun avis, et n'ajouteroit aucune force aux preuves résultantes de l'instruction. Seulement elle empêcheroit, dans l'intérêt de la société, le dépérissement de ces preuves, et sans ôter à l'innocence ses moyens de
justification, elle assureroit, au besoin, le châ-

timent du crime. Voilà ce que le procureur-général a cru devoir proposer à la Cour. Tel seroit le résultat des conclusions qu'il a eu l'honneur de lui soumettre. Pourroit-elle se dispenser d'y avoir égard, et substituer au renvoi proposé la simple déclaration d'incompétence ? Pour en faire sentir l'impossibilité il suffira d'une supposition. On suppose donc qu'à l'instant du crime, et près du lieu où il venoit d'être commis, la force publique eût arrêté un homme couvert de sang et armé d'un poignard. Qui ne croira trouver en lui un complice de l'assassin ? Il est comme tel traduit devant la Cour, mais l'instruction faite, il en résulte que cet homme n'a point eu part au crime dont il s'agit, mais qu'il s'est rendu coupable d'un autre assassinat. La Cour, obligée d'interrompre la poursuite, se borneroit-elle, dans ce cas, à déclarer son incompétence, et pourroit-elle consentir à remettre le prévenu en liberté ? Les motifs sont les mêmes pour toute autre espèce de crime. Elle doit donc ordonner le renvoi. Maintenant renverra-t-elle à un tribunal particulier, ainsi qu'il est d'usage dans toutes les Cours, ainsi que le procureur-général a eu l'honneur de le lui proposer ? Elle le pourroit sans doute, et

ce renvoi indicatif et non attributif de jurisdiction, ressembleroit à ceux qui sont faits par
les cours royales hors des limites de leur ressort. Il ne dispenseroit pas le tribunal indiqué
de juger sa compétence, et de rectifier l'indication si elle se trouvoit erronée. Mais cette
circonstance même prouve qu'il ne contien-
droit aucun excès de pouvoirs. Au lieu de
suivre cet usage, la Cour préférera-t-elle de
renvoyer en termes généraux *à qui de droit*,
ou *aux juges qui doivent en connoître?* Elle le
peut également, et les formules, qui sont de
rigueur pour les tribunaux ordinaires, sont
pour elle entièrement libres. Il suffit que celle
dont elle aura fait choix explique clairement
sa pensée. Le procureur-général ne s'étendra
pas davantage sur les motifs de ses conclusions; il en termine l'exposé par l'assurance du
regret qu'il éprouve de n'avoir pas, à ce sujet,
prévenu les desirs de la Cour.

Cet exposé fini, le procureur-général se
retire.

La délibération est ouverte sur la question
du renvoi.

Un Pair observe que dans aucune hypothèse
il ne s'agit, comme a paru le supposer M. le
procureur-général, de remettre en liberté les

prévenus contre lesquels il y a charge d'autres délits. Ceux même des opinants qui ont combattu le renvoi, proposent d'ajouter à la déclaration d'incompétence, une disposition qui réserve au ministère public le droit de poursuivre. Il n'y a donc véritablement de question qu'entre le renvoi pur et simple et le renvoi déterminé. Celui-ci, d'après l'aveu de M. le procureur-général, exposeroit la Cour à voir sa décision infirmée par le tribunal indiqué, s'il se déclaroit incompétent, ou par la cour de cassation, s'il y avoit pourvoi en réglement de juges. Dira-t-on que ni le tribunal indiqué, ni la cour de cassation ne pourroient infirmer le renvoi? Alors, en cas d'erreur dans l'indication, le prévenu se trouveroit distrait de ses juges naturels. Il est donc préférable, sous tous les rapports, de s'en tenir au renvoi pur et simple, en laissant subsister les mandats lancés par la Cour jusqu'à ce qu'un autre tribunal s'empare de la poursuite.

Un second opinant estime que toute erreur dans l'indication seroit aisément prévenue par l'application du principe général, admis de tout temps dans notre jurisprudence, que le crime doit être jugé là où il a été commis. On ne peut donc se tromper en renvoyant au juge du lieu.

Mais à d'autres égards le renvoi pur et simple peut mériter la préférence. Dans quels termes sera-t-il conçu? L'ordonnance de 1667, en défendant à tous juges (et le parlement de Paris, alors Cour des Pairs, étoit compris dans cette disposition) *de retenir aucune cause, instance ou procès dont la connoissance ne leur appartient,* leur enjoint de renvoyer les parties *par devant les juges qui doivent en connoître.* L'ordonnance de 1670 emploie la même formule. Ce seroit pour l'opinant un motif de l'adopter, mais il avouera que toute autre, par exemple le renvoi *à qui de droit* ou *aux tribunaux ordinaires,* atteindroit le même but, car l'importance est dans la chose et non dans les termes. Une difficulté plus sérieuse résulteroit peut-être du caractère particulier de la Chambre des Pairs, considérée comme cour de justice. Elle est sous ce rapport dans une situation toute différente des autres cours. Sans exercice permanent, sans tribunaux inférieurs, sans territoire, elle reçoit du crime ses justiciables, et n'a que par intervalles une organisation complète, et une existence publique. En elle se confondent pour ainsi dire la qualité de corps politique et celle de cour judiciaire. Dans cette situation doit-elle prendre pour règle de sa conduite les droits

et les obligations des tribunaux ordinaires?
Sans décider la question, il suffit que l'intérêt
de la société ne permette pas à la Cour de laisser dépérir entre ses mains les preuves acqui-
ses d'un crime ou d'un délit. Il faut donc qu'elle
se dessaisisse de ces preuves. Comment le fe-
roit-elle utilement sans les renvoyer *aux juges
qui doivent en connoître?* L'opinant conclut à
ce renvoi.

Un autre avis est ouvert par le rapporteur de
la Cour. Il observe qu'investie d'une attribution
spéciale, la Chambre des Pairs n'existe comme
Cour de justice que relativement aux crimes
compris dans cette attribution. Dès qu'elle rencontre un crime étranger, ses fonctions judiciaires cessent à l'instant, et elle redevient autorité constituée. Mais sous ce nouveau rapport, elle doit, aux termes de l'article 29 du
code d'instruction criminelle, *donner avis* au
ministère public de tout crime ou délit dont
elle auroit eu connoissance dans l'exercice de
ses fonctions. En remplissant ce devoir, la
Cour satisferoit à ce qu'exige d'elle l'intérêt de
la société, elle éviteroit en même temps les difficultés plus ou moins graves dont le renvoi
paroît susceptible sous quelque forme qu'on
le présente. L'opinant propose en conséquence

de remettre à M. le procureur-général pour être par lui communiquées à qui de droit les pièces relatives aux crimes ou délits étrangers à la compétence de la Cour.

Un membre aperçoit la source de toutes les difficultés dans l'étrange position où se trouve la Cour, investie de tous les pouvoirs, et réunissant en elle les fonctions de juge d'instruction, de chambre du conseil, et de cour d'assises. Où trouver, dans une loi qui a sagement distingué ces fonctions différentes, quelque chose d'applicable à une pareille cumulation? C'est donc en vain qu'on interrogera le code d'instruction criminelle. Seroit-on plus heureux en se reportant aux lois constitutives des grands tribunaux, successivement organisés sous le nom de *Haute-Cour*, depuis la révolution? L'opinant les passe en revue, et ne trouve dans ce qui fut alors établi rien de satisfaisant, rien dont on puisse tirer avantage pour la discussion actuelle. A défaut d'exemples, il se décide par les principes. Ce qu'ils lui paroissent sur-tout exiger, c'est que la Cour évite de rien préjuger sur des faits dont elle ne peut connoître; c'est qu'elle ne mette aucune distinction entre des prévenus qui lui sont également étrangers. Il présente comme propre à remplir cette double condition la formule suivante : *la Cour déclare qu'il n'y a lieu à suivre devant elle, sauf la poursuite devant qui de droit.*

Un autre membre appuie la proposition de remettre les piéces à M. le procureur-général. Toute mesure plus directe lui paroît susceptible d'inconvénients. Le renvoi déterminé, outre qu'il seroit un acte de jurisdiction, exposeroit la Cour à voir infirmer son arrêt par un tribunal inférieur. Le renvoi quelconque supposeroit une connoissance des faits qui lui est interdite, et pourroit influer sur le sort du prévenu. Se dessaisir et saisir la justice ordinaire sans ajouter aucune gravité aux indices qu'elle lui transmet, voilà ce que la Cour doit se proposer, et ce qu'elle obtiendra par le moyen dont il s'agit.

Un Pair s'étonne de voir reproduire contre le principe du renvoi des objections qui lui paroissoient avoir été victorieusement réfutées. Pour les écarter définitivement, il développe en faveur de ce principe quelques unes des considérations qui l'appuient. Au premier rang est l'intérêt qu'a l'ordre public au maintien des compétences. Il importe à la sûreté de l'État que chacune d'elles se renferme dans ses limites, et c'est pour empêcher toute entreprise de l'une sur l'autre que chaque autorité a le droit et le devoir de juger la sienne. Il faut ensuite que chaque citoyen ait ses juges naturels, et, sous ce nouveau rapport, le tribunal qui se dessaisit d'une affaire ne peut se dispenser de la renvoyer au tribunal qui doit en connoître. C'est une obligation non moins rigoureuse pour la Cour des Pairs que pour la plus humble jurisdiction. Il n'y a donc de véritable difficulté que sur les termes du renvoi. Différentes formules ont été proposées, et méritent presque également de fixer le choix de la Cour. Qu'oppose-t-on à leur adoption? La crainte d'établir une sorte de préjugé défavorable au prévenu, celle d'exposer la Cour à voir sa décision infirmée par une autorité inférieure. En creusant la première objection, il est aisé de se convaincre qu'elle n'a aucun fondement. Quelle influence, en effet, peut avoir sur le sort de l'inculpé, quel préjudice peut lui causer la déclaration faite par la Cour, qu'elle n'entend prendre connoissance du crime dont il est prévenu? Elle aura, dit-on, qualifié ce crime; mais il faut bien qu'elle le qualifie, pour juger qu'il ne lui appartient pas d'en connoître. Le législateur aussi l'a qualifié; la cour de cassation qualifie chaque jour les crimes dont elle renvoie la connoissance aux divers tribunaux. L'un et l'autre ont-ils jamais été arrêtés par le préjugé dont on s'effraie? Quant au danger de voir infirmer par une autorité inférieure la décision de la Cour, l'opinant observe qu'on n'a rien à craindre, sous ce rapport, avec le renvoi conçu en termes généraux. On auroit, avec le renvoi déterminé, un moyen sûr d'éviter toute erreur, et par-là même tout inconvénient. Dira-t-on, enfin, que la dignité de la Cour ne lui permet pas de prendre pour règle de sa conduite celle des tribunaux ordinaires? L'opinant répond avec confiance que la dignité de la Cour ne consiste pas à s'affranchir des régles prescrites par les lois à l'exercice de l'autorité judiciaire, mais à donner aux autorités inférieures l'exemple du respect dû à ces lois, protectrices des citoyens et indispensables au maintien de la société. Est-il d'ailleurs une autorité judiciaire qu'on puisse justement appeler inférieure dans le sens que l'objection attache à ce mot? Ne sont-elles pas toutes instituées par le Roi, n'est-ce pas en son nom que chacune d'elles rend la justice, et prononce chaque jour sur l'honneur, la fortune et la vie des citoyens? On ne peut donc rien opposer de raisonnable au principe du renvoi. L'opinant conclut à son adoption, et propose à la Cour de renvoyer le prévenu devant les juges compétents, en même temps qu'elle déclarera qu'il n'y a lieu à suivre devant elle.

M. le Président remet sous les yeux de l'assemblée les différentes formules présentées dans le cours de la discussion. Il l'invite à choisir entre ces formules celle qui lui paroîtra mériter la préférence.

Un Pair estime qu'aucune d'elles, prise à part, ne rempliroit complétement l'objet qu'on se propose. En vain la Cour ordonnera-t-elle le renvoi du prévenu devant les juges compétents, si personne n'est chargé de donner suite à ce renvoi. Il faut donc en l'ordonnant charger le Procureur-général de l'effectuer, et réunir ainsi deux formules opposées en apparence. L'opinant demande que le prévenu soit *renvoyé à qui de droit, à la diligence du Procureur-général.*

M. le Président observe que tout arrêt se termine par une clause qui en renvoie l'exécution au ministère public. Il ne voit cependant aucun inconvénient à la réunion proposée des deux formules.

Cette réunion est appuyée par divers membres.

D'autres soutiennent qu'elle ne léve pas la principale difficulté, celle qui résulte de la qualification des délits pour lesquels le renvoi est ordonné. Cette qualification, telle que l'établissent les conclusions du procureur-général, formeroit un véritable préjugé contre les prévenus, et seroit pour les opinants un obstacle invincible à l'adoption du renvoi.

M. le Président observe qu'on feroit disparoître la difficulté en substituant à la qualification particulière de chaque délit cette formule générale : *attendu qu'il résulte de l'instruction qu'il pourroit y avoir lieu à suivre pour d'autres délits,* etc.

Cette observation réunissant un grand nombre de suffrages, la formule de renvoi est ainsi rédigée : *La Cour déclare qu'il n'y a lieu à suivre devant elle ; et néanmoins, attendu que de l'instruction il résulte qu'il peut y avoir lieu à poursuites contre le prévenu, à raison d'autres crimes, délits ou contraventions prévus par la loi, le renvoie devant qui de droit, à la diligence du procureur-général.*

Il s'agissoit ensuite d'appliquer cette formule aux différents prévenus qui en sont susceptibles. M. le Président appelle séparément la délibération sur chacun des six compris dans la seconde catégorie des conclusions de M. le procureur-général.

Avant de statuer sur chacun d'eux, la Cour entend la lecture des pièces de l'instruction qui leur sont relatives.

La formule est successivement appliquée, par voie d'appel nominal, aux nommés René Pinat, Marin, J.-B. Bourdin, Alexis Duval et Androphile Mauvais.

Le nommé Thomas se trouvoit compris avec eux au nombre des prévenus que M. le procureur-général proposoit de renvoyer devant les juges ordinaires.

La lecture des pièces relatives à ce dernier paroissant le placer dans une situation différente, et le rapprocher du nommé Juglet, sur lequel on a statué hier qu'il n'y avoit lieu à suivre, plusieurs membres demandent que la question soit posée à son égard comme elle l'a été à l'égard des individus compris dans la première catégorie.

D'autres membres estiment qu'il convient de poser simultanément la question du renvoi.

Ces deux questions sont ainsi posées par M. le Président : La Cour veut-elle déclarer qu'il n'y a lieu à suivre contre le nommé Thomas, soit faute de trace, soit faute d'indices suffisants, où veut-elle renvoyer le prévenu devant les juges ordinaires ?

.. L'appel nominal fait sur cette question donne pour résultat, 64 voix pour le renvoi à d'autres juges, 82 pour dire qu'il n'y a lieu à suivre faute de trace, et 41 pour dire qu'il n'y a lieu à suivre faute d'indices suffisants.

M. le Président annonce qu'aucune des opinions n'ayant obtenu la majorité absolue des suffrages, il devient nécessaire de procéder à un second appel nominal, lors duquel ceux des votants qui ont embrassé l'opinion la moins appuyée se réuniront à l'une des deux autres.

Un Pair observe qu'il n'y a véritablement que deux opinions, celle du renvoi à d'autres juges, et celle de la mise en liberté différemment motivée. Le bénéfice de cette dernière est acquis au prévenu, puisque la mise en liberté par un motif quelconque, réunit 123 voix contre 64, dont le renvoi est appuyé. Il ne s'agit donc en ce moment que de savoir quel motif adoptera l'assemblée, celui du défaut de charges, ou celui du défaut de charges suffisantes.

Cette observation est appuyée par divers

membres. L'un d'eux ajoute que le double motif dont le choix est laissé aux juges par l'article 229 du code d'instruction criminelle, répond au double prononcé jadis en usage , et par
lequel le prévenu étoit ou déchargé de l'accusation, ou simplement mis hors de cour. C'est
entre les deux motifs que l'alternative est établie, puisqu'il n'y a point de doute sur la mise
en liberté.

Un autre Pair observe que c'est *faute d'indices
suffisants* qu'a été acquitté hier le nommé Juglet,
auquel on paroît vouloir assimiler le nommé
Thomas.

M. le Président consulte l'assemblée sur la
question de savoir si ce prévenu sera mis en
liberté faute de trace ou faute d'indices suffisants.

Le résultat de l'appel nominal est en faveur
de ce dernier motif. M. le Président déclare,
en conséquence, qu'il n'y a lieu à suivre contre
le nommé Thomas, faute d'indices suffisants
de culpabilité.

Il restoit à statuer sur le dix-neuvième prévenu, Louis-Pierre Louvel, dont M. le procureur-général propose à la Cour d'ordonner la
mise en accusation.

Ce dernier chef de ses conclusions est relu par M. le Président.

La mise en accusation n'éprouve aucune difficulté, mais un membre soumet à la Cour quelques observations sur la proposition accessoire d'ordonner que le réquisitoire du procureur-général demeurera annexé à la minute de l'arrêt. Aux yeux de l'opinant, quelques pages de ce réquisitoire, dictées par un sentiment louable sans doute, mais exagéré, donneroient de la nation française une idée peu avantageuse, sous ce rapport il lui paroît desirable que l'impression n'en soit pas autorisée, et il craindroit qu'elle ne parût l'être si la Cour adoptoit la mesure qu'on lui propose.

Un autre membre estime que l'impression du réquisitoire, loin d'être susceptible d'aucun inconvénient, auroit au contraire le double avantage d'augmenter, s'il est possible, l'horreur du crime, et d'ajouter aux sentiments d'amour et de respect dus à l'auguste famille dont l'auteur de ce crime avoit juré la destruction.

M. le Président observe que la proposition faite à la Cour d'annexer à la minute de son arrêt le réquisitoire du procureur-général, n'a rien de commun avec l'impression de ce même réquisitoire, sur laquelle on pourra se décider ultérieurement. Il ajoute qu'il va mettre aux voix les conclusions de M. le procureur-général, tendantes à la mise en accusation de Louvel, et à l'annexe, tant du réquisitoire que de l'acte d'accusation.

L'appel, nominal fait en conséquence, donne pour résultat l'adoption entière de ces conclusions.

M. le Président propose ensuite à la Cour de fixer au lundi 15 juin l'ouverture des débats.

Cette fixation est adoptée.

M. le Président soumet à la Cour la rédaction projetée de l'arrêt qui résulte des délibérations successives prises par elle dans cette séance et dans la précédente.

Un Pair observe que, pour plus d'exactitude il conviendroit peut-être d'ajouter à la disposition qui renvoie à qui de droit les prévenus inculpés de crimes ou délits étrangers à la compétence de la Cour, que les mandats contre eux décernés sont maintenus.

Cette addition, appuyée par divers membres, est adoptée par la Cour.

Un autre Pair voit avec peine qu'en ordonnant la mise en liberté de treize prévenus, la Cour motive sa décision à leur égard sur des raisons différentes, et distingue en quelque sorte deux degrés d'innocence en déclarant qu'il n'y a lieu à suivre contre les uns *faute de trace*, et contre les autres *faute d'indices suffisants* d'un délit prévu par la loi. Il propose de supprimer cette distinction à laquelle n'a point songé M. le procureur-général, dont les conclusions donnent un motif commun à la mise en liberté des divers prévenus.

M. le Président observe que la suppression proposée anéantiroit une suite de délibérations prises en connoissance de cause, et après mûr examen. La Cour ne voudra pas sans doute rétracter ainsi son propre ouvrage.

Un Pair ajoute que cette rétractation n'est pas même au pouvoir de la Cour. Chacune de ses décisions constitue un droit acquis au prévenu qu'elle concerne. Ici les décisions de la Cour ont pour fondement une disposition textuelle de la loi, celle de l'article 229 du code d'instruction criminelle, qui distingue formellement les deux cas. C'est en vertu de cet article que le double motif d'acquittement a été adopté.

La suppression proposée n'a pas d'autres suites.

Un Pair demande que la mise en accusation soit formellement exprimée dans l'arrêt, ainsi que l'exige l'article 235 du code d'instruction criminelle.

M. le Président annonce qu'il sera fait droit à cette demande.

Aucune autre observation ne s'élevant contre la rédaction projetée de l'arrêt, il en est fait une seconde lecture, après laquelle M. le Président, au nom de la Cour, prononce ainsi qu'il suit ledit arrêt :

ARRÊT DE LA COUR DES PAIRS.

« La Chambre des Pairs constituée en Cour des Pairs, aux termes de l'ordonnance du Roi, en date du 14 février dernier, et conformément à l'art. 33 de la Charte constitutionnelle, a rendu l'arrêt suivant :

« M. le comte de Bastard, l'un des Pairs commis par M. le Chancelier, aux termes de l'arrêt de la Cour du 15 février, pour l'assister dans l'instruction du procès suivi contre Louis-Pierre Louvel, a fait rapport à la Cour de ladite instruction.

« Le greffier a donné lecture des pièces du procès.

« Le procureur-général du Roi près la Cour
a été entendu en ses dires et réquisitions, lesquelles réquisitions par lui déposées, écrites
et signées sur le bureau de la Cour, sont terminées par les conclusions suivantes.

« Le conseiller-d'état, Procureur-général du
Roi, requiert qu'il plaise à la Cour ;

« A l'égard de Jean-François Dubois, traiteur
à Paris ; Marie-Joséphine Lecomte, sa femme ;
Edme-Jean-François Giroux, ex-gendarme ;
Jean-François Hacville, jardinier à Gentilly ;
Pierre Toutain, dit l'Éveillé, terrassier à Saint-
Cyr près Orléans ; et Layet, négociant à Paris.

« A l'égard de Joseph Guillet, maréchal-de-
camp ; Jacques Renard, écrivain public à Ver-
sailles ; Jean-Baptiste Vincent, René-Jacques
Juglet, tailleur à Moulins près Mortagne ;
Pierre Hamelot, propriétaire à Tours ; et Pierre-
Charles Molus, tisseur à Epehy ;

« Attendu qu'il n'y a pas charges suffisantes
contre eux,

« Dire qu'il n'y a pas lieu à suivre contre eux ;
ordonner que Charles Molus sera mis sur-le-
champ en liberté, s'il n'est détenu pour autre
cause.

« A l'égard de Emmery Pinat, cabaretier à Pacy-sur-Eure:

« Attendu qu'il n'y a pas charges suffisantes contre lui,

« Dire qu'il n'y a pas lieu à suivre devant la Cour des Pairs;

« Mais attendu que ledit Pinat est inculpé dans l'instruction de violences exercées contre un agent de la force publique, délit prévu par l'art. 230 du code pénal, renvoyer ledit Pinat devant le juge d'instruction d'Evreux.

« A l'égard de Marin, boucher à Mantes, et de Bourdin, tailleur à Rouen :

« Attendu qu'il n'y a contre eux charges suffisantes,

« Dire qu'il n'y a pas lieu à suivre devant la Cour des Pairs;

« Mais attendu que lesdits Marin et Bourdin sont inculpés dans l'instruction de s'être rendus coupables d'offenses envers un membre de la Famille royale, délit prévu par l'art. 10 de la loi du 17 mai 1819,

« Renvoyer lesdits Marin en état de mandat d'amener devant le juge d'Evreux, arrondissement dans lequel le délit a été commis, et Bourdin en état de mandat d'amener devant le juge de Rouen.

« A l'égard de François Thomas, fourrier de la légion des Vosges, et d'Alexis Duval, sous-officier de la cinquième compagnie sédentaire à Châlons-sur-Marne;

« Attendu qu'il n'y a charges suffisantes,

« Dire qu'il n'y a lieu à suivre devant la Cour des Pairs;

« Et néanmoins attendu la conduite répréhensible qu'ils ont tenue comme militaires,

« Les mettre à la disposition du Ministre de la guerre.

« A l'égard d'Androphile Mauvais, ex-lieutenant:

« Attendu qu'il n'y a charges suffisantes,

« Dire qu'il n'y a lieu à suivre contre ledit Androphile Mauvais devant la Cour des Pairs;

« Mais attendu que ledit Mauvais est inculpé dans l'instruction, d'avoir connu au moins un complot contre la sûreté intérieure de l'État, qu'il n'auroit pas et n'a pas encore révélé, crime prévu par l'art. 103 du code pénal, le renvoyer en état de mandat de dépôt devant le procureur du Roi de Paris.

« Enfin, à l'égard de Louis-Pierre Louvel, garçon sellier:

« Attendu qu'il y a contre lui charges suffisantes d'avoir commis un attentat contre la personne d'un membre de la Famille royale, crime
prévu par l'art. 87 du code pénal,

« Donner acte au procureur-général du Roi
de la présentation qu'il fait à la Cour de l'acte
d'accusation contre ledit Louvel,

« Ordonner 1° que ledit Louis-Pierre Louvel
sera pris au corps, et conduit dans telle maison
de justice qu'il plaira à la Cour d'établir près
d'elle, sur les registres de laquelle maison ledit
accusé sera écroué par l'un des huissiers de la
Cour ;

« 2° Que les débats s'ouvriront au jour qu'il
lui plaira fixer ;

« 3° Que l'acte d'accusation et le présent réquisitoire seront annexés à l'arrêt à intervenir.

« Le procureur-général a ensuite donné lecture à la Cour de l'acte d'accusation par lui
dressé contre Louis - Pierre Louvel, et qu'il
a pareillement déposé sur le bureau de la
Cour.

« Et le procureur-général s'est retiré.

« La Cour après en avoir délibéré,

« En ce qui touche Jean-François Dubois,

aubergiste, rue Saint-Thomas-du-Louvre; Marie-Joséphine Lecomte, femme Dubois; Jean-
Baptiste Layet, ancien négociant; Jean-François Hacville, garçon jardinier à Gentilly;
Pierre Toutain dit l'Éveillé, terrassier à Saint-
Cyr-en-Val, près Orléans, Jacques Renard,
écrivain public à Versailles, et Pierre Hamelot,
propriétaire à Tours:

« Attendu que de l'instruction ne résulte à
leur égard aucune trace de crime, délit ou contravention prévus par la loi,

« Déclare n'y avoir lieu à suivre contre eux.

« En ce qui touche Pierre-Joseph Guillet,
demeurant à Paris; Jean-Baptiste Vincent, ex-
employé; René-Jacques Juglet, tailleur à
Chaudey, département de l'Orne; Edme-Jean-
François-Catherine Giroux, ex-gendarme à
Pontoise; Pierre-Charles Molus, tisseur à
Épehy; et François Thomas, fourrier dans la
légion des Vosges:

« Attendu que de l'instruction ne résulte pas
contre eux indices suffisants de culpabilité d'un
crime, délit ou contravention prévus par la
loi.

« Déclare n'y avoir lieu à suivre contre eux.

« Ordonne que Pierre-Charles Molus et François Thomas seront mis en liberté sur-le-champ, s'ils ne sont retenus pour autre cause.

« En ce qui touche Emmery Pinat, cabaretier à Pacy-sur-Eure ; Marin, boucher à Mantes ; Jean-Baptiste Bourdin, tailleur à Rouen ; Alexis Duval, sous-officier dans la cinquième compagnie sédentaire à Châlons-sur-Marne ; et Androphile Mauvais, ex-officier :

« Attendu que de l'instruction ne résulte contre eux aucune charge de complicité du crime de la connoissance duquel la Cour est saisi,

« Déclare n'y avoir lieu à suivre contre eux devant la Cour ;

« Et néanmoins attendu que de l'instruction il résulte qu'il peut y avoir lieu à poursuites contre eux à raison de crimes, délits ou contraventions prévus par la loi,

« Les renvoie devant qui de droit, à la diligence du procureur général du Roi près la Cour, les mandats décernés contre eux subsistant.

« En ce qui touche Louis-Pierre Louvel :

« Attendu que de l'instruction résulte contre lui charges suffisantes d'avoir, le 13 février 1820, commis un attentat sur la personne et la vie de S. A. R. Monsieur le duc de Berry, l'un des membres de la Famille royale,

« Crime prévu par l'art. 87 du code pénal;

« Ordonne la mise en accusation dudit Louis-Pierre Louvel.

« En conséquence ordonne que Louis-Pierre Louvel, né à Versailles le 7 octobre 1783, ouvrier sellier, demeurant aux écuries du Roi, rue Saint-Thomas-du-Louvre, à Paris, taille d'un mètre soixante-un centimètres, cheveux et sourcils chatains, front petit, yeux bleus, nez petit, bouche petite, menton rond, visage ovale, sera par tout huissier sur ce requis pris au corps, et conduit dans la maison de justice établie près la Cour d'assises de Paris, que la Cour désigne pour servir de maison de justice près d'elle, sur les registres de laquelle maison de justice il sera écroué.

« Ordonne que l'acte d'accusation dressé par le procureur-général du Roi, ensemble le réquisitoire par lui présenté à la Cour, seront et demeureront annexés à la minute du présent arrêt.

« Ordonne que les débats s'ouvriront le lundi 5 juin prochain.

« Ordonne que le présent arrêt sera exécuté à la diligence du procureur-général.

La minute de l'arrêt ci-dessus est signée de

suite par les cent quatre-vingt-sept Pairs présents à la séance.

Les Président et Secrétaires,

Signé DAMBRAY, président.

Le duc DE DOUDEAUVILLE, le comte RAPP, le maréchal marquis DE BEURNONVILLE, et le vicomte DE MONTMORENCY, secrétaires.

IME
OUVEL.

-verbal
° 10.

de 1819.

COUR DES PAIRS.

Séance préliminaire à l'audience publique
du lundi 5 juin 1820.

A neuf heures du matin, la Cour des Pairs,
qui par son arrêt du 23 mai dernier a fixé à
ce jour l'ouverture des débats sur l'accusation
intentée à Louis-Pierre Louvel, se réunit en
séance particulière, préliminairement à l'audience publique où vont s'ouvrir ces débats.

La galerie du Luxembourg, disposée pour
servir à la Cour de chambre de conseil, est le
lieu de cette réunion. M. le Chancelier de
France, Président de la Cour, observe qu'avant
d'entamer avec elle l'examen et le jugement de
la déplorable affaire dont elle est saisie, il a cru

16

devoir lui soumettre en particulier quelques réflexions sur l'ordre qu'en pareille circonstance il paroît convenable de suivre pour arriver, d'une manière prompte et sûre, à la découverte de la vérité.

Ces réflexions sont les mêmes qu'à l'occasion d'un autre procès jugé par la Cour en 1815, il a eu l'honneur de lui présenter. Voici ce qu'il disoit à cette époque :

MESSIEURS,

Ce n'est pas à la Chambre des Pairs, ce n'est pas au plus illustre des grands corps de l'État, que j'ai besoin de rappeler l'attitude imposante d'impartialité qui convient à l'éminence des fonctions que nous sommes appelés à remplir.

Il est notoire que la Chambre des Pairs ne peut vouloir que la justice. Elle ne peut chercher que la vérité ; mais elle ne doit la recevoir que des mains de la loi, et dans les formes qu'elle a si sagement établies.

Si ces formes ne sont pas pour nous de stricte rigueur, elles sont au moins d'étroite convenance ; et il est dans votre intention de conserver toutes celles qui, dans les tribunaux ordi-

naires, sont protectrices de l'innocence, tuté-
laires de l'honneur et de la vie des citoyens. La
plus essentielle de toutes est la plus grande la-
titude possible dans la défense de l'accusé ; ni
lui ni son conseil ne peuvent être interrompus,
et nous devons soigneusement nous interdire,
par respect pour nous-mêmes et pour le public,
témoin de nos délibérations, tout signe extérieur d'impatience ou d'improbation.

Le silence le plus absolu doit régner parmi
MM. les Pairs ; aucun d'eux ne peut prendre la
parole sans la demander ; aucun ne peut la demander que pour interroger l'accusé ou faire
des interpellations aux témoins, et je n'ai pas
besoin d'observer que MM. les Pairs sont trop
nombreux pour ne pas user très sobrement de
ce droit d'interpellation, dont l'usage trop mul-
tiplié fatigueroit l'accusé, et prolongeroit indé-
finiment les débats.

Aucune motion d'ailleurs, aucune proposition incidente ne doit troubler la solennité
imposante d'une pareille séance.

J'ai l'honneur d'ajouter que la direction des
débats m'appartient exclusivement. Dans les
formes ordinaires de nos délibérations, je me
félicite et me glorifie de n'être que l'interprète

de votre vœu, l'organe de vos volontés; de pouvoir consulter la Chambre sur toutes les questions, sur toutes les difficultés qui s'élèvent; le concours indispensable de tous les membres de cette auguste assemblée fait tout à la-fois ma force et ma sûreté dans l'exercice de mes hautes fonctions. Mais, en matière criminelle, j'ai des devoirs personnels, j'ai des devoirs positifs à remplir. Ils me sont imposés par les articles 268, 269 et 270 du code d'instruction. Ces articles m'investissent d'un *pouvoir discrétionnaire* très étendu, en vertu duquel je dois *prendre sur moi* tout ce que je croirai utile pour découvrir la vérité, et empêcher la prolongation inutile des débats.

Il me seroit plus commode, sans doute, et sûrement plus doux, de n'agir que par votre impulsion, de remettre entre vos mains le pouvoir discrétionnaire que le code m'attribue. Mais ce pouvoir n'est pas un droit, c'est un devoir; et je ne peux pas en conscience et en honneur repousser une obligation dont *mon honneur et ma conscience* sont chargés. J'userai donc dans toute son étendue du pouvoir qui m'est confié, et je n'ai pas besoin d'ajouter que je n'en userai jamais que pour arriver plus promptement et

plus sûrement à la connoissance et à la mani-
festation de la vérité.

M. le Président observe ensuite que, dans une
assemblée aussi nombreuse que l'est aujourd'hui
la Chambre des Pairs, l'ordre seroit nécessairement troublé par les questions que chaque
membre pourroit adresser personnellement,
soit à l'accusé, soit aux témoins. A l'époque du
procès jugé en 1815, la Cour, pour maintenir
cet ordre, jugea convenable d'arrêter qu'il ne
seroit fait de questions, soit à l'accusé, soit aux
témoins, que par l'intermédiaire de son Président, à qui chaque Pair adresseroit sa demande.
Ce précédent, à l'autorité duquel vient encore
se joindre le nombre aujourd'hui plus grand
de MM. les Pairs, servira de régle dans le procès actuel, à moins que la Cour n'en ordonne
autrement. Un nouveau motif de s'y conformer
résulte peut-être du scandale que pourroient
entraîner les réponses faites par l'accusé à certaines questions.

Un Pair appuie la proposition de M. le Président, mais sans adopter comme motif l'autorité de l'exemple. Il ne pense pas qu'on puisse
se prévaloir d'un pareil motif pour établir une

régle qui seroit contraire aux dispositions précises de l'article 319 du code d'instruction criminelle, et demande que si la proposition est adoptée, ce soit sans tirer à conséquence, et sans que ce *précédent*, et celui qui résulte de l'exemple cité, puissent être invoqués à l'avenir en faveur d'une proposition semblable. Le noble Pair desire à cet effet que sa réclamation soit insérée au procès-verbal.

M. le Président déclare qu'il n'y voit aucune difficulté.

Un autre Pair estime que chaque membre de l'assemblée devant conserver une entière liberté dans l'usage des moyens qu'il jugeroit nécessaires pour opérer sa conviction, la mesure adoptée par la Cour ne pourroit empêcher un Pair que ne satisferoient pas entièrement les réponses de l'accusé aux questions qu'il lui auroit adressées par l'organe de M. le Président, de prendre lui-même la parole pour l'interpeller directement sur un point quelconque. Il demande que la Cour réserve à tous ses membres leurs droits à cet égard.

M. le Président annonce que la mesure adoptée ne sera censée l'être que sous cette réserve.

On demande si les questions adressées à M.

le Président pour être transmises à l'accusé,
devront être faites verbalement ou par écrit.

M. le Président répond que le choix de l'un
ou de l'autre moyen demeure entièrement libre.

Un membre expose que plusieurs des Pairs
aujourd'hui présents n'ont pu assister aux séances qui ont eu lieu pour la mise en accusation,
et dans lesquelles il a été donné lecture des
pièces du procès. Ne conviendroit-il pas, avant
d'ouvrir les débats sur cette accusation, de
mettre les Pairs dont il s'agit à portée d'en apprécier les motifs, par une seconde lecture des
principales pièces, et notamment des interrogatoires de l'accusé? Cette lecture contribueroit
sans doute à rendre moins nombreuses les
questions, dont chaque membre de la Cour
sent parfaitement qu'il faut être sobre dans la
circonstance.

M. le Président observe que la lecture des
interrogatoires, dont l'ensemble ne comprend
pas moins de sept ou huit cents articles, exi-
geroit un temps considérable, et reculeroit
l'ouverture des débats, pour laquelle déja les
témoins sont appelés, et le public réuni dans
l'auditoire de la Cour. Il ajoute que, suivant
les principes établis par le code d'instruction

criminelle, l'examen et le jugement n'ont rien de commun avec la mise en accusation. L'un et l'autre, dans les cours ordinaires, sont confiés à des chambres distinctes, et l'instruction écrite, qui sert de base à la mise en accusation, ne peut plus être invoquée lors des débats, où l'accusé doit être jugé sur l'instruction orale qui a lieu devant la cour d'assises. Il est donc impossible d'ordonner une seconde lecture des piéces. M. le Président y suppléera, pour les Pairs qui n'ont pu en prendre connoissance, en adressant dans le cours des débats, soit à l'accusé, soit aux témoins, toutes les questions nécessaires à l'éclaircissement du fait et à la conviction de la Cour.

Un Pair appuie la distinction établie par M. le Président entre l'instruction écrite, sur laquelle est prononcée la mise en accusation, et l'instruction orale, seule base du jugement. Cette distinction qui dans l'intérêt de l'accusé, dans celui de la raison et de la justice, sépare devant les cours ordinaires les fonctions d'accusateur et de juge, doit-elle être méconnue, parceque dans l'état provisoire où se trouve la Cour des Pairs, état qu'il est si desirable de voir cesser, elle réunit aujourd'hui ces deux fonctions? L'opinant ne peut le croire. Il invoque l'ordre du jour sur la lecture proposée.

L'auteur de la proposition déclare qu'il ne voit pas avec moins de peine que le noble Pair la situation de la Cour à cet égard; mais il avoit pensé qu'on pouvoit sans inconvénient procurer aux membres de la Cour, absents des précédentes séances, un avantage dont les autres ont joui. Si les motifs opposés à sa demande par M. le Président, et qu'il est difficile de combattre, sont adoptés par la Cour, il regrettera seulement de voir s'établir dans cette occasion un précédent qui pourroit tirer à conséquence pour une autre affaire où il ne seroit pas justifié par les mêmes motifs.

La Cour, interrogée par M. le Président, passe à l'ordre du jour sur la proposition dont il s'agit.

M. le Président expose ensuite à la Cour l'ordre qu'il se propose d'observer dans les débats qui vont s'ouvrir devant elle, et dans la délibération qui suivra leur clôture. Cet ordre est, à quelques exceptions près qui résultent de la situation particulière de la Cour, et sur-tout de l'absence du jury, le même ordre qu'a tracé pour les cours d'assises le titre 2 du second livre du code d'instruction criminelle, et qui déja s'est observé dans une autre circonstance.

Après quelques instructions moins importantes, et dont la mention au procès-verbal seroit superflue, M. le Président léve la séance et se met en marche, à la tête de la Cour, pour se rendre avec elle de la chambre du conseil à la salle d'audience disposée pour l'ouverture des débats.

Les Président et Secrétaires,

Signé DAMBRAY, président.

Le duc DE DOUDEAUVILLE, le comte RAPP, le maréchal marquis DE BEURNONVILLE, et le vicomte DE MONTMORENCY, secrétaires.

COUR DES PAIRS,

Audience publique du 5 juin 1820.

L'an 1820, le lundi 5 juin, à dix heures du matin, la Cour des Pairs se réunit en audience publique pour l'examen et le jugement du procès instruit devant elle contre Louis-Pierre Louvel, accusé d'attentat sur la personne de feu M. le duc de Berry.

La salle ordinaire des séances de la Chambre a été disposée convenablement pour cette nouvelle destination. MM. les secrétaires occupent sur l'estrade, mais sans bureau devant eux, leurs places accoutumées.

A droite, dans le parquet, est le bureau de M. le procureur-général, à gauche celui du greffier et de son adjoint.

Les Pairs ayant pris place dans l'ordre prescrit par l'ordonnance du Roi du 25 août 1817, M. le Président annonce que l'audience de la Cour est ouverte.

Il invite le public, admis à cette audience, à écouter dans un silence respectueux les débats qui vont s'ouvrir devant lui.

M. le Président fait ensuite introduire l'accusé. Il comparoît libre, et assisté de deux conseils désignés d'office aux termes de l'article 294 du code d'instruction criminelle.

En leur présence, le greffier de la Cour, sur l'ordre de M. le Président, fait l'appel nominal des membres présents.

Cet appel constate la présence des 189 Pairs ci-après nommés, savoir :

MM.

Le duc d'Uzès.
Le duc de La Trémoille.
Le duc de Chevreuse.
Le duc de Brissac.
Le duc de Richelieu.
Le duc de Luxembourg.
Le duc de Gramont.
Le duc de Mortemart.
Le duc de Saint-Aignan.
Le duc de Duras.
Le duc de La Vauguyon.
Le duc de La Rochefou-
cauld.

MM.

Le duc de Clermont-Ton-
nerre.
Le duc de Choiseul.
Le maréchal duc de Coigny.
Le prince duc de Talley-
rand.
Le duc de Broglie.
Le duc de Lorges.
Le duc de Croï-d'Havré.
Le duc de Polignac.
Le duc de Lévis.
Le duc de Maillé.
Le duc de La Force.

MM.

Le duc de Castries.
Le prince duc de Poix.
Le duc de Doudeauville.
Le prince duc de Chalais.
Le maréchal duc de Ta-
rente.
Le maréchal marquis de
Gouvion Saint-Cyr.
Le maréchal duc de Raguse.
Le maréchal duc de Reggio.
Le comte Abrial.
Le comte de Beaumont.
Le comte Berthollet.
Le maréchal marquis de
Beurnonville.
Le Marquis de Marbois.
Le marquis de Chasseloup-
Laubat.
Le comte Chollet.
Le comte de Cornet.
Le comte d'Aboville.
Le marquis d'Aguesseau.
Le comte Demont.
Le comte De Croix.
Le comte Dembarrère.
Le comte Dehédouville.
Le marquis de Fontanes.
Le marquis de Garnier.
Le comte de Gouvion.
Le comte Herwin de Ne-
vèle.
Le marquis de Jaucourt.
Le comte Klein.

MM.

Le marquis de Laplace.
Le comte Lecouteulx de
Canteleu.
Le comte Lemercier.
Le marquis de Maleville.
Le marquis de Pastoret.
Le comte Peré.
Le marquis de Pérignon.
Le comte de Richebourg.
Le comte de Sainte-Su-
zanne.
Le comte de Saint-Vallier.
Le marquis de Semonville.
Le comte Soulès.
Le comte de Tascher.
Le comte de Villemanzy.
Le comte Vimar.
Le marquis Maison.
Le marquis Dessolle.
Le marquis Victor de La-
tour-Maubourg.
Le comte Curial.
Le maréchal marquis de
Viomenil.
Le marquis de Clermont-
Gallerande.
Le comte Charles de
Damas.
Le marquis d'Albertas.
Le marquis d'Aligre.
Le duc d'Aumont.
Le duc d'Avaray.
Le comte de Boissy-d'An-
glas.

MM.

Le marquis de Boisgelin.
Le comte de Labourdonnaye-Blossac.
Le marquis de Boissy du Coudray.
Le baron Boissel de Monville.
Le marquis de Brézé.
Le comte de Brigode.
Le duc de Caylus.
Le comte du Cayla.
Le comte de Castellane.
Le vicomte de Châteaubriand.
Le duc de Crillon.
Le marquis de Chabannes.
Le duc de La Châtre.
Le comte Compans.
Le comte de Durfort.
Le vicomte Emmanuel Dambray.
Le duc de Damas-Crux.
Le comte d'Ecquevilly.
Le comte d'Escars.
Le marquis de Biron.
Le marquis de La Guiche.
Le marquis de Grave.
Le comte d'Haussonville.
Le marquis d'Herbouville.
Le marquis de Lally-Tolendal.
Le marquis de Louvois.
Le vicomte de Lamoignon.

MM.

Le marquis de La Tour-du-Pin.
Le marquis de Lauriston.
Le comte de Machault-d'Arnouville.
Le comte Molé.
Le marquis de Mathan.
Le vicomte Mathieu de Montmorency.
Le marquis de Mun.
Le comte de Sainte-Maure Montausier.
Le Marquis de Nicolaï.
Le comte de Noë.
Le comte d'Orvilliers.
Le marquis d'Osmond.
Le comte Jules de Polignac.
Le marquis de Raigecourt.
Le baron de La Rochefoucauld.
Le marquis de Rougé.
Le comte Ricard.
Le comte de La Roche-Aimon.
Le comte de Saint-Roman.
Le comte de Rully.
Le vicomte Le Peletier Rosanbo.
Le comte de Sabran.
Le comte De Sèze.
Le baron Séguier.
Le comte de Suffren Saint-Tropez.

MM.

Le marquis de La Suze.
Le marquis de Talaru.
Le marquis de Vence.
Le marquis de Vibraye.
Le marquis Olivier de
    Vérac.
Le comte Lynch.
Le duc de Massa.
Le vicomte Dubouchage.
Le maréchal duc d'Albu-
    féra.
Le marquis d'Angosse.
Le comte d'Argout.
Le marquis d'Aragon.
Le marquis d'Aramon.
Le baron de Barante.
Le comte Beker.
Le comte de Bastard.
Le comte Belliard.
Le comte Raymond de Bé-
    renger.
Le maréchal duc de Coné-
    gliano.
Le comte Chaptal.
Le marquis de Catellan.
Le duc de Cadore.
Le comte Colchen.
Le comte Cornudet.
Le maréchal duc de Dant-
    zick.
Le comte Daru.
Le vicomte Digeon.

MM.

Le comte d'Arjuzon.
Le comte Dejean.
Le marquis de Dampierre.
Le maréchal prince d'Eck-
    mühl.
Le comte Germain.
Le comte de Gramont-
    d'Asté.
Le comte Félix d'Hunols-
    tein.
Le vicomte d'Houdetot.
Le maréchal comte Jour-
    dan.
Le comte de Lacépède.
Le baron de Montalem-
    bert.
Le comte Mollien.
Le comte de Marescot.
Le comte de Pontécoulant.
Le duc de Plaisance.
Le comte Portalis.
Le comte Reille.
Le comte Ruty.
Le comte Rapp.
Le comte Rampon.
Le comte de Sparre.
Le marquis de Saint-Simon.
Le comte de Sussy.
Le maréchal duc de Tré-
    vise.
Le vice-amiral comte Tru-
    guet.

<table>
<tr><td>MM.</td><td>MM.</td></tr>
<tr><td>Le vice-amiral comte Ve-
rhuell.</td><td>Le comte de Gassendi.
Le duc de Praslin.</td></tr>
<tr><td>Le comte Clément-de-Ris.</td><td>Le comte de Ségur.</td></tr>
<tr><td>Le comte Fabre de l'Aude.</td><td>Le comte de Valence.</td></tr>
</table>

L'appel nominal terminé, M. le Président, aux termes de l'art. 310 du code d'instruction criminelle, demande à l'accusé ses nom, prénoms, âge, lieu de naissance, profession et domicile.

L'accusé répond se nommer Louis-Pierre Louvel, âgé de trente-six ans, natif de Versailles, garçon sellier, employé aux écuries du Roi, y demeurant à Paris.

M. le Président avertit ensuite les conseils de l'accusé, de se conformer dans sa défense aux régles que leur prescrit l'art. 311 du même code. Il avertit pareillement l'accusé d'être attentif à ce qu'il va entendre, et fait donner lecture par le greffier, 1° de l'arrêt de la Cour, en date du 23 mai dernier, qui prononce la mise en accusation, et ordonne l'ouverture des débats; 2° de l'acte d'accusation dressé par le procureur-général, et annexé à la minute dudit arrêt.

Cette lecture faite, M. le Président prend la parole, et dit : « Louis-Pierre Louvel, voilà de

« quoi vous êtes accusé, vous allez entendre
« les charges qui seront produites contre vous. »

Il accorde ensuite la parole à M. le procureur-général, pour développer les motifs de
l'accusation.

Celui-ci déclare qu'il n'a rien à ajouter aux
motifs exposés dans l'acte d'accusation qu'il a
précédemment soumis à la Cour, et dont elle
vient d'entendre une seconde lecture.

Il se borne en conséquence à présenter à la
Cour la liste des témoins qu'il a fait assigner
devant elle pour être entendus sur les faits
dont il s'agit.

Cette liste, dont la notification a été faite
à l'accusé, conformément à l'art. 315 du code
d'instruction criminelle, est lue à haute voix
par le greffier de la Cour.

M. le procureur-général observe que l'un des
témoins indiqués, M. le maréchal duc de Bellune, atteint d'une indisposition grave, ne
pourra se rendre à l'audience. Mais les faits
dont il dépose, et qui d'ailleurs sont peu im-
portants, étant attestés par d'autres témoins,
le procureur-général n'insiste pas sur son audition, et à moins qu'elle ne soit réclamée par
l'accusé, la Cour jugera sans doute qu'il y a
lieu de passer outre.

Il en est de même d'un autre témoin, le sieur Ledoux-Desgenet, qui avoit été compris sur la liste comme pouvant donner quelque éclaircissement sur les relations de Louvel, qu'il croyoit avoir rencontré dans une maison tierce. A la confrontation, ce témoin n'a pas plus reconnu Louvel qu'il n'en a lui-même été reconnu. Son audition devenant en conséquence parfaitement inutile, on se dispensera de le faire entendre, à moins que l'accusé n'y insiste.

Les conseils de l'accusé déclarent qu'ils n'ont aucun motif de réclamer l'audition des deux témoins dont il s'agit.

Les autres témoins étoient présents. Ils se retirent, sur l'ordre de M. le Président, et passent de la salle d'audience dans la chambre qui leur est destinée.

M. le Président procéde en leur absence à l'interrogatoire de l'accusé; dans le cours de cet interrogatoire, il fait représenter à l'accusé le poignard qui a servi à consommer le crime, ainsi qu'un second poignard de forme différente saisi sur l'accusé lors de son arrestation.

Les témoins sont ensuite rappelés séparément et entendus l'un après l'autre dans l'ordre suivant, déterminé par M. le procureur-général.

1. François Berthon, âgé de quarante-cinq ans, coutelier à la Rochelle.

2. Jean-Pierre Desbiez, âgé de vingt-cinq ans, soldat au quatrième régiment de la garde royale, en garnison à Rouen.

3. Gilles Torrès, âgé de vingt-sept ans, grenadier au quatrième régiment de la garde royale, en garnison à Rouen.

4. Pierre Giret, âgé de trente-sept ans, grenadier au quatrième régiment de la garde royale, en garnison à Evreux.

5. Louis Lefèvre, âgé de quarante-neuf ans, caporal au quatrième régiment de la garde royale, en garnison à Rouen.

6. Marie-Victor Raymond, âgé de trente-huit ans, valet-de-pied de S. A. R. M. le duc de Berry, aux Écuries du Roi.

7. Charles Marie, âgé de vingt-six ans, valet-de-pied de Mme la duchesse de Berry, rue du faubourg Saint-Honoré, n° 78.

8. Alexandre-Jacques Gérard, âgé de trente ans, valet-de-pied de Mme la duchesse de Berry, rue des Saussayes, n° 1.

9. Moïse-Joseph Macé, âgé de trente ans, valet-de-pied de M. le duc de Berry, rue des Saussayes, n° 4.

10. Louis-Charles-Bonaventure-Pierre, comte de Mesnard, âgé de cinquante ans, maréchal-de-camp, premier écuyer de Mme la duchesse de Berry, à l'Élysée.

11. Louis-Marie-Joseph-Gabriel-César, comte de Choiseul, âgé de trente-sept ans, aide-de-camp de M. le duc de Berry, rue de la Pepinière, n° 55.

12. Joseph-Marie de Guilhem-Clermont-Lodève, âgé de trente-sept ans, gentilhomme d'honneur de M. le duc de Berry, à l'Élysée.

13. Jean Paulmier, âgé de vingt-cinq ans, garçon limonadier au café Hardi, boulevard Italien, n° 12.

14. Jean Meunier, âgé de vingt-sept ans, adjudant de la ville de Paris, rue Saint-Dominique, n° 2, au Gros-Caillou.

15. Bernard David, âgé de quarante-trois ans, maréchal-des-logis dans la gendarmerie de Paris, caserné rue du faubourg Saint-Martin.

16. Jean-Pascal Lavigne, âgé de trente-deux ans, gendarme de Paris, caserné rue Mouffetard.

17. Jean-Jacques Racarie, âgé de quarante-un ans, gendarme de Paris, rue Mouffetard.

18. Joseph Bucher, âgé de vingt-sept ans, gendarme, à la caserne des Minimes.

19. Alexandre-Marie-Louis-Charles Lallemand, comte de Nantouillet, âgé de soixante ans, premier écuyer de M. le duc de Berry, à l'Élysée.

20. Justin-Philippe Drogart, âgé de trente-un ans, docteur en médecine, rue Rameau, n° 7.

21. André-Antoine Blancheton, âgé de trente-six ans, docteur en médecine, rue de Lully, n° 1.

22. Charles-Jacques-Julien Bougon, âgé de cinquante ans, premier chirurgien ordinaire de MONSIEUR, rue Saint-Honoré, n° 333.

23. Antoine Dubois, âgé de soixante-quatre ans, docteur en médecine, rue des Fossés-M.-le-Prince, n° 12.

24. Guillaume Dupuytren, âgé de quarante-un ans, chirurgien en chef de l'Hôtel-Dieu, place du Louvre, n° 4.

25. Jacques-Étienne-Joseph Garnier, âgé de quarante-cinq ans, commissaire de police, rue du Mail, n° 18.

Chacun des témoins, après avoir prêté le serment exigé par l'art. 317 du code d'instruction criminelle, et satisfait aux autres dispositions de cet article, dépose oralement sur les faits qui sont à sa connoissance.

Après chaque déposition, M. le Président adresse, tant aux témoins qu'à l'accusé, les interpellations prescrites par l'article 319 du même code.

D'autres interpellations leur sont adressées, en vertu du même article, par différents membres de la Cour, soit directement après avoir demandé la parole, soit par l'intermédiaire de M. le Président.

M. le procureur-général use de la même faculté.

Il est pris note par le greffier, sur l'ordre de M. le Président, de la déclaration faite par le premier témoin (François Berthon, coutelier à la Rochelle), qu'il ne reconnoît point comme ayant été par lui fabriqué l'instrument qui a servi à consommer le crime, et dont la demande lui auroit été faite comme d'un outil de sellerie.

Il est pris note également de la déclaration réciproque faite par le témoin qu'il ne reconnoît point l'accusé, et par celui-ci qu'il ne reconnoît pas le témoin.

Un incident qui s'élève à l'occasion d'un fait

rapporté par le seizième témoin, donne lieu à
M. le Président d'user du pouvoir discrétionnaire que lui confie l'art. 268 du code, pour
faire appeler sur-le-champ devant la Cour le
commissaire de police Garnier, dont la déposition paroît devoir jeter quelque jour sur le
fait débattu.

Ce nouveau témoin (Jacques-Étienne-Joseph
Garnier, âgé de quarante-cinq ans, commissaire de police, rue du Mail, n° 18). est entendu
sans prestation de serment. Il ne résulte de sa
déposition aucun indice propre à fixer l'attention de la Cour.

L'accusé n'ayant produit aucun témoin à
décharge, M. le Président annonce que l'audition des témoins est terminée. Il ajoute que
la parole appartient maintenant à M. le procureur-général, pour soutenir l'accusation. Les
défenseurs de l'accusé l'auront ensuite pour
répondre à M. le procureur-général, qui pourra
leur répliquer. S'il use de cette faculté, la parole sera de nouveau accordée à l'accusé et à
ses conseils, qui doivent toujours être entendus les derniers aux termes de la loi. Cette
discussion, et la délibération dont elle sera
suivie, laissant à la Cour peu d'espoir de pro-

noncer aujourd'hui son arrêt, M. le Président annonce que la suite des débats est remise à demain, dix heures du matin.

Il donne ordre aux huissiers de reconduire l'accusé dans sa prison.

Cet ordre exécuté, l'audience est levée.

Signé DAMBRAY, président.

CAUCHY, greffier.

COUR DES PAIRS.

Séance préliminaire à l'audience publique du mardi 6 juin 1820.

A neuf heures et demie du matin la Cour des Pairs, qui à dix heures doit reprendre en audience publique la suite des débats ouverts hier devant elle, se réunit dans la Chambre du conseil préliminairement à cette audience.

Le greffier, sur l'ordre de M. le Président, fait lecture du procès-verbal de la séance particulière qui a précédé hier l'audience publique.

Sa rédaction est adoptée.

M. le Président rappelle à la Cour quelques unes des recommandations qu'il a eu l'honneur de lui faire dans la séance d'hier, et dont il importe à l'ordre et à la dignité de ses audiences que chaque Pair soit pénétré.

A dix heures, la séance est levée. M. le Président se met en marche à la tête de la Cour, et se rend avec elle à la salle d'audience.

Les Président et Secrétaires,

Signé DAMBRAY, président.

Le duc DE DOUDEAUVILLE, le comte RAPP, le maréchal marquis DE BEURNONVILLE, et le vicomte DE MONTMORENCY, secrétaires.

RIME
LOUVEL.

ès-verbal
°13.

n de 1819.

COUR DES PAIRS.

Audience publique du mardi 6 juin 1820.

L'an 1820, le mardi 6 juin, à dix heures du matin, la Cour des Pairs se réunit en audience publique pour la continuation des débats ouverts hier devant elle.

M. le procureur-général occupe dans le parquet la place qui lui est destinée.

L'accusé, libre et assisté de ses conseils, comparoît devant la Cour.

Il est fait par le greffier, sur l'ordre de M. le Président, un appel nominal des membres présents.

Cet appel constate la présence de 186 Pairs sur 189 qui assistoient à l'audience d'hier. Les Pairs absents, et dont l'excuse est admise par la Cour, sont MM. le comte d'Aboville, le maréchal duc de Tarente et le duc de Broglie.

M. le procureur-général obtient la parole pour soutenir l'accusation. Il termine par le réquisitoire suivant le résumé qu'il présente des faits établis par le débat.

Réquisitoire de M. le procureur-général.

« Le conseiller-d'État, procureur-général de Sa Majesté près la Cour des Pairs, spécialement nommé par ordonnance du Roi du 14 février dernier pour poursuivre, devant ladite Cour, le procès de l'assassinat de feu M. le duc de Berry,

« Requiert qu'il plaise à la Cour des Pairs,

« Attendu les preuves résultantes des débats,

« Déclarer Louis-Pierre Louvel, garçon sellier, âgé de trente-six ans, natif de Versailles, et demeurant à Paris aux écuries du Roi, coupable d'avoir le treize février dernier, à onze heures du soir, porté un coup de poignard à S. A. R. M. le duc de Berry qui en est mort, et d'avoir ainsi commis un attentat contre la vie d'un des membres de la Famille royale, crime prévu par l'article 87 du code pénal ;

« En conséquence et en appliquant ledit article 87 dont la teneur suit :

« L'attentat ou le complot contre la vie ou la « personne des membres de la Famille royale ;

« L'attentat ou le complot dont le but sera,

« Soit de détruire ou de changer le Gouver- « nement ou l'ordre de successibilité au trône,

« Soit d'exciter les citoyens ou habitants à « s'armer contre l'autorité royale ;

« Seront punis de la peine de mort. »

« Condamner ledit Louis-Pierre Louvel à la peine de mort, et aux frais du procès ;

« Ordonner que l'arrêt à intervenir, conformément au droit de la Chambre, sera prononcé publiquement hors la présence de l'accusé, et en présence de ses conseils ou eux duement appelés, et lu et notifié à l'accusé par le secrétaire-archiviste de la Chambre des Pairs, faisant fonctions de greffier.

« Fait en la Cour des Pairs, ce 6 juin 1820.

Signé BELLART. »

Le procureur-général dépose, signé de lui,

sur le bureau, le réquisitoire qu'il soumet à la Cour.

La parole est accordée pour lui répondre aux conseils de l'accusé.

L'un d'eux expose les moyens de défense dont la cause leur a paru susceptible.

L'accusé lui-même prend la parole après son défenseur, et donne lecture d'un écrit qu'il a composé pour sa justification.

Cette lecture entendue, M. le procureur-général est admis à répliquer. Sa réplique est terminée par le réquisitoire suivant, qu'il dépose comme le premier sur le bureau de la Cour.

Réquisitoire de M. le Procureur-général.

« Le conseiller d'État, procureur-général de Sa Majesté près la Cour des Pairs, spécialement nommé par ordonnance du Roi du 14 février dernier, pour poursuivre devant ladite Cour le procès de l'assassinat de feu M. le duc de Berry,

« Requiert qu'il plaise à la Cour, sans s'arrêter aux moyens tant d'incompétence que du fond, allégués par Louis-Pierre Louvel et en son nom,

« Ordonner que les conclusions prises par le

procureur-général, dans son précédent réquisitoire, fait aux débats et à leur suite, lui seront adjugés.

« Fait en la Cour des Pairs, ce 6 juin 1820.

« *Signé* BELLART. »

Les conseils de l'accusé obtiennent de nouveau la parole, et répondent par l'organe de l'un d'eux à la réplique de M. le procureur-général.

M. le Président leur demande, ainsi qu'à l'accusé, s'ils n'ont rien à ajouter soit pour sa défense, soit relativement à l'application de la peine.

Sur leur réponse négative il déclare que les débats sont terminés.

Le procureur-général se retire.

M. le président ajoute que la Cour va délibérer secrètement sans passer dans la Chambre du conseil. Il ordonne en conséquence aux huissiers de faire évacuer la salle, et d'emmener l'accusé hors de l'auditoire.

Cet ordre est exécuté.

L'audience, interrompue à midi, est reprise à deux heures.

Le public rentre dans la salle, où sont rappellés M. le procureur-général et les témoins.

En leur présence, et après avoir fait appeler inutilement les conseils de l'accusé, M. le Président prononce l'arrêt suivant.

ARRÊT DE LA COUR DES PAIRS.

« La Chambre des Pairs constituée en Cour des Pairs aux termes de l'ordonnance du Roi du 14 février dernier, et conformément à l'article 33 de la Charte constitutionnelle.

« Vu l'arrêt de la Cour du 23 mai dernier, ensemble l'acte d'accusation dressé contre Louis-Pierre Louvel et annexé audit arrêt;

« Ouï les témoins en leur dépositition ;

« Ouï le procureur-général du Roi en ses dires et réquisitions, lesdites réquisitions tendantes à ce que Louis-Pierre Louvel accusé, soit déclaré coupable du crime prévu par l'article 87 du code pénal, et à ce qu'il lui soit fait application de la peine portée par ledit article;

« Ouï pareillement les défenseurs de l'accusé en leurs plaidoiries, et l'accusé en ses moyens de défense ;

« Après en avoir délibéré.

« En ce qui touche le moyen d'incompétence proposé :

« Attendu que le code pénal maintenu en vigueur par l'article 68 de la Charte, range dans la classe des crimes contre la sûreté de l'État, l'attentat contre la vie ou la personne d'un membre de la Famille royale, et que dèslors ce crime se trouve compris dans la disposition de l'article 33 de la Charte.

« En ce qui touche le fond :

« Attendu qu'il résulte de l'instruction et des débats, que Louis - Pierre Louvel est convaincu d'avoir le 13 février dernier commis un attentat contre la personne et la vie de S. A. R. M. le duc de Berry, l'un des membres de la Famille royale.

« Sans s'arrêter au moyen d'incompétence,

« Déclare Louis-Pierre Louvel coupable du crime prévu par l'article 87 du code pénal.

« En conséquence faisant application dudit article et de l'article 12 du même code, lesquels sont ainsi conçus :

« Art. 87. L'attentat ou le complot contre la « vie ou la personne des membres de la Famille « royale ;

« L'attentat ou le complot dont le but sera :

« Soit de détruire ou de changer le Gouver-« nement ou l'ordre de successibilité au trône,

« Soit d'exciter les citoyens ou habitants à s'armer contre l'autorité royale,

« Seront punis de la peine de mort.

« Art. 12. Tout condamné à mort aura la tête tranchée. »

« Condamne Louis-Pierre Louvel, né à Versailles le 7 octobre 1783, ouvrier sellier demeurant aux écuries du Roi, à la peine de mort.

« Le condamne pareillement aux frais du procès.

« Ordonne, conformément aux articles 2 de l'ordonnance du Roi du 14 février dernier, et 8 de l'ordonnance du 12 novembre 1815, que le présent arrêt prononcé en séance publique hors la présence de l'accusé mais en présence de ses conseils ou eux duement appelés, sera lu et notifié au condamné par le greffier de la Cour, qui en dressera procès-verbal.

« Ordonne que le présent arrêt sera exécuté à la diligence du procureur-général du Roi, imprimé, publié et affiché par-tout où besoin sera. »

Cet arrêt prononcé, l'audience est levée.

Signé DAMBRAY, président.

CAUCHY, greffier.

COUR DES PAIRS.

Délibération secrète du mardi 6 juin 1820.

A midi la cour interrompt son audience publique pour délibérer en conseil particulier sur les conclusions prises à cette audience par M. le procureur-général.

Ces conclusions tendent à faire déclarer Louis-Pierre Louvel, coupable d'avoir le 13 février dernier, à onze heures du soir, porté un coup de poignard à M. le duc de Berry, qui en est mort, et d'avoir ainsi commis un attentat contre la vie d'un des membres de la Famille royale, crime prévu par l'article 87 du code pénal.

La peine portée par cet article étant la peine de mort, le procureur-général en a requis l'application, et par un second réquisitoire postérieur à la défense de l'accusé, il a déclaré persister dans ses précédentes conclusions, et demandé que la Cour les lui adjugeât, sans s'arrêter aux moyens tant d'incompétence que du fond présenté par l'accusé ou en son nom.

M. le Président observe qu'il ne peut y avoir de doute sur la culpabilité de Louvel. Par une affreuse réunion de circonstances, le coupable ici n'est pas moins certain que le crime, le deuil universel de la France, de nombreux témoins en déposent, lui-même s'en glorifie. *L'insensé a dit dans son cœur il n'est point de Dieu;* cet antique blasphème, répété par l'accusé, peut seul expliquer son attentat. Divers moyens ont été allégués pour sa défense. L'un de ces moyens, fondé sur un état de démence relative, exclueroit s'il pouvoit être admis, non seulement toute pénalité mais même toute accusation. Il a sans doute inspiré peu de confiance aux défenseurs de l'accusé, puisqu'ils n'ont pas cru devoir le présenter comme moyen préjudiciel. On peut en dire autant du moyen d'incompétence, qu'ils ont pareillement joint au fond de la cause, sans proposer un déclinatoire en forme. La Cour pourroit statuer à-la-fois, et par une seule décision, sur tous les moyens

proposés en faveur de l'accusé, mais celui d'incompétence lui semblera peut-être devoir faire
l'objet d'une question particulière qui seroit
préalablement décidée. M. le procureur-général a établi les principes qui la décident. Ils
résultent des articles 33 et 68 de la Charte,
dont l'un attribue à la Chambre des Pairs la
connoissance des attentats à la sûreté de l'État
qui seront définis par la loi, l'autre maintient en
vigueur, jusqu'à ce qu'il y soit formellement
dérogé, les loix existantes, et par conséquent le
code pénal, dont l'article 87 met au nombre
des crimes contre la sûreté de l'État *l'attentat
ou le complot contre la vie ou la personne des membres de la Famille royale.* En supposant affirmative sur ce premier point la décision de la Cour,
M. le Président propose, conformément au réquisitoire, d'exprimer cette décision dans l'arrêt par la formule suivante : *Sans s'arrêter aux
moyens d'incompétence, etc.*

Divers membres appuient la proposition de
M. le Président. L'un d'eux aperçoit dans l'a-
doption des principes sur lesquels en ce moment on établit la compétence de la Cour, un
précédent utile pour l'avenir, du moins jusqu'à
ce qu'il intervienne à cet égard une loi spéciale.
Un autre demande que pour consacrer ces prin-

cipes, on rappelle dans le vu de l'arrêt les articles 33 et 68 de la Charte.

M. le Président annonce qu'il ne voit aucune difficulté à les y rappeler. Il ajoute qu'il va mettre aux voix la question de compétence, en prenant les opinions, comme on l'a fait jusqu'à présent dans cette cause, par ordre inverse de l'ordre d'ancienneté de réception des opinants.

L'appel nominal est fait dans cet ordre, et donne pour résultat le rejet unamine du moyen d'incompétence..

Avant de passer à la question de culpabilité, M. le Président observe que, dans une affaire précédente, la Cour, adoptant les principes généralement suivis en matière de justice criminelle, détermina les cas où il y auroit lieu à la réduction des voix pour conformité d'opinions entre ceux de ses membres qui se trouvent liés par divers degrés de parenté ou d'alliance. La règle établie à cet égard fut de ne compter que pour une voix, en cas d'opinions conformes, celles

Des père et fils,
Des frères,
Des oncle et neveu propres,
Des beau-père et gendre,

Des beaux-frères, en observant de ne pas regarder comme tels ceux qui ont épousé les deux sœurs.

D'après cette règle, M. le Président a fait dresser un tableau des réductions qui, dans l'état actuel de la Cour, auroient lieu entre ses membres pour conformité d'opinions. Il met ce tableau sous les yeux de l'assemblée.

La Cour adopte, pour servir au besoin, le tableau dont il s'agit, et ordonne que, le cas échéant, les réductions suivantes auront lieu entre les Pairs ci-après nommés :

Ne compteront que pour une voix,

Comme père et fils, M. le Chancelier Président, et M. le vicomte Dambray.

Comme beau-père et gendre, M. le duc d'Uzès et M. le marquis de Rougé ;

M. le duc de Lévis et M. le marquis de Nicolaï ;

M. le marquis de Semonville et M. le comte de Sparre ;

M. le marquis de Catellan et M. le comte de Gramont-d'Asté ;

Comme oncle et neveu, M. le duc de Gramont et M. le comte de Gramont-d'Asté ;

M. le duc de Saint-Aignan et M. le comte de La Roche Aymon ;

M. le duc d'Havré et M. le marquis de Vérac;

M. le marquis d'Aguesseau et M. le comte Molé.

Comme frères, M. le duc de Polignac et M. le comte Jules de Polignac;

Comme beaux-frères, M. le duc de Chevreuse et M. le vicomte de Montmorency;

M. le marquis d'Aguesseau et M. le comte de Ségur;

M. le comte de Beaumont et M. le maréchal prince d'Eckmühl;

M. le marquis de Jaucourt et M. le comte du Cayla;

M. le marquis Dessolle et M. le marquis de Dampierre;

M. le marquis d'Aligre et M. le marquis de Boissy du Coudrai;

M. le marquis de Boisgelin et M. le marquis de Chabannes;

M. le vicomte de Lamoignon et M. le comte Molé;

M. le marquis de La Guiche et M. le comte d'Haussonville;

M. le marquis de Grave et M. le comte Daru;

M. le baron de Barante et M. le comte Germain;

Le même et M. le vicomte d'Houdetot.

Deux cas particuliers sont réglés ainsi qu'il suit :

En cas d'opinions conformes, se réduiront à deux voix celles de MM. le baron de Barante, le comte Germain, et le comte d'Houdetot;

Celles de MM. le marquis d'Aguesseau, le vicomte de Lamoignon, et le comte Molé.

Ces réductions établies, M. le Président annonce qu'il va mettre aux voix la question de culpabilité.

Un membre demande que, pour le maintien des principes qui dans notre législation criminelle séparent en deux fonctions essentiellement distinctes dans leur exercice le jugement du fait et l'application de la peine, principes qu'il est si desirable de voir appliquer à la Cour des Pairs dans la loi qui interviendra sur son organisation, il soit voté séparément sur la question de savoir si l'accusé est coupable, et sur celle de savoir quelle peine lui doit être appliquée.

M. le Président observe que c'est ainsi qu'il alloit procéder.

L'appel nominal fait sur cette première question : l'accusé est-il coupable? la résout unanimement pour l'affirmative.

La seconde question, celle de savoir si conformément à l'article 87 du code pénal et aux conclusions du ministère public, l'accusé sera *condamné à la peine de mort*, est pareillement résolue.

Il restoit à statuer sur la proposition faite à la Cour par M. le procureur-général, d'user de la faculté en vertu de laquelle, dans une autre circonstance, elle a ordonné que son arrêt seroit prononcé en séance publique, *hors la présence de l'accusé, mais en présence de ses conseils ou eux duement appelés.*

Un membre observe que M. le procureur-général, en proposant à la Cour d'user de cette faculté, s'est reporté à l'ordonnance du Roi du 12 novembre 1815 rendue pour une autre affaire. S'il convient à la Cour de suivre encore pour celle-ci la même marche, elle pourroit vouloir s'en écarter dans une autre circonstance, et elle doit s'en réserver les moyens. La présence de l'accusé, lors de la prononciation de l'arrêt, ajoute à la solennité du jugement. Elle peut être utile sous le rapport de l'exemple. Il faut donc en adoptant la proposition, insérer du moins au procès-verbal que ce nouveau *précédent* ne pourra tirer à conséquence pour l'avenir.

Divers membres appuient cette réserve,

d'autres la regardent comme inutile. A leur avis la Cour ne sauroit être liée par une disposition véritablement exceptionnelle dans tous les jugements où elle se rencontre.

La Cour, sans s'expliquer sur la réserve, adopte la proposition de M. le procureur-général.

Elle adopte pareillement une dernière conclusion tendante à l'affiche de l'arrêt.

M. le Président soumet à la Cour la rédaction projetée de cet arrêt, tel qu'il résulte des délibérations successives qu'elle vient de prendre.

Cette rédaction est adoptée, et la séance rendue publique pour la prononciation de l'arrêt.

Elle redevient secrète pour la signature de la minute.

M. le Président lève ensuite la séance.

Les Président et Secrétaires,

Signé DAMBRAY, président.

Le duc DE DOUDEAUVILLE, le comte RAPP, le maréchal marquis DE BEURNONVILLE, et le vicomte DE MONTMORENCY, secrétaires.

COUR DES PAIRS

DE FRANCE.

Procès-verbal des séances relatives au jugement de Louvel.

TABLE DES MATIÈRES.

A.

I

B.

C.

D.

E.

F.

G.

J.

L.

M.

O.

P.

Q.

prévenu. Elle est opposée à celle-ci *point d'indices suffisants*, et sert avec elle à différencier la position des prévenus contre lesquels on déclare *qu'il n'y a lieu à suivre*, p. 78, 79.

V.

DE L'IMPRIMERIE DE P. DIDOT L'AINÉ,

CHEVALIER DE L'ORDRE ROYAL DE SAINT-MICHEL,

IMPRIMEUR DU ROI ET DE LA CHAMBRE DES PAIRS,

Rue du Pont de Lodi, n° 6.

COUR DES PAIRS DE FRANCE.

SUITE DU PROCÈS DE LOUVEL.

PROCÈS-VERBAL

DES DEUX SÉANCES

RELATIVES A L'INSTRUCTION

DIRIGÉE CONTRE DESJARDINS.

Le peu d'étendue de ce procès-verbal ne comportant pas une table des matières, on y a suppléé par le sommaire imprimé à la page suivante.

A PARIS,

DE L'IMPRIMERIE DE JULES DIDOT, L'AÎNÉ,
IMPRIMEUR DU ROI ET DE LA CHAMBRE DES PAIRS,
Rue du Pont-de-Lodi, n° 6.

1821.

SOMMAIRE.

COUR DES PAIRS.

Séance du samedi 14 avril 1821,

Présidée par M. le Chancelier.

À deux heures la Cour se réunit, en vertu d'une convocation faite par ordre de M. le Président.

Il est procédé à l'appel nominal dans la forme accoutumée.

Cet appel constate la présence des 116 Pairs ci-après nommés; savoir:

MM.

Le duc d'Uzès.
Le duc de Gramont.
Le duc de Mortemart.
Le duc de Duras.
Le duc de La Vauguyon.
Le duc de Clermont-Tonnerre.

MM.

Le duc de Choiseul,
Le prince duc de Talleyrand.
Le duc de Broglie.
Le prince duc de Chalais,
Le comte Abrial.
Le Marquis de Marbois.

1

MM.

Le marquis de Chasseloup-Laubat.
Le comte de Cornet.
Le comte Dembarrère.
Le comte De Croix.
Le marquis de Garnier.
Le comte Herwin de Nevèle.
Le comte Klein.
Le marquis de Laplace.
Le comte Lebrun de Rochemont.
Le comte Lemercier.
Le comte Lenoir-Laroche.
Le comte de Monbadon.
Le marquis de Pastoret.
Le comte Peré.
Le comte de Sainte-Suzanne.
Le comte de Saint-Vallier.
Le marquis de Semonville.
Le comte de Tascher.
Le comte de Villemanzy.
Le marquis Maison.
Le comte Curial.
Le marquis de Clermont-Gallerande.
Le comte de Damas.
Le duc de La Rochefoucauld.
Le duc de Castries.
Le duc de Doudeauville.
Le duc de La Trémoille.
Le duc de Luxembourg.
Le duc de Brissac.

MM.

Le marquis d'Aligre.
Le duc d'Aumont.
Le duc d'Avaray.
Le marquis de Boissy du Coudray.
Le baron Boissel de Monville.
Le marquis de Brézé.
Le comte du Cayla.
Le comte de Contades.
Le vicomte Dambray.
Le duc de Damas-Crux.
Le baron d'Andigné.
Le comte d'Escars.
Le comte Ferrand.
Le marquis de Biron.
Le marquis de La Guiche.
Le comte d'Haussonville.
Le marquis de Mortemart.
Le comte Molé.
Le marquis de Mathan.
Le vicomte de Montmorency.
Le marquis de Raigecourt.
Le baron de La Rochefoucauld.
Le marquis de Rougé.
Le comte Ricard.
Le comte de Saint-Roman.
Le comte De Sèze.
Le baron Séguier.
Le marquis de Talaru.
Le marquis de Vibraye.
Le marquis de Vérac.

MM.

Le marquis de Bonnay.
Le marquis d'Osmond.
Le comte de Noë.
Le duc de La Châtre.
Le comte de Polignac.
Le comte de La Roche-
   Aimon.
Le duc de Narbonne-Pelet.
Le duc de Massa.
Le comte Lecouteulx de
   Canteleu.
Le comte d'Argout.
Le baron de Barante.
Le comte Claparède.
Le comte Chaptal.
Le marquis de Catellan.
Le duc de Cadore.
Le comte Cornudet.
Le comte Daru.
Le comte Dejean.
Le comte Germain.
Le comte de Laforest.
Le comte de Lacépède.
Le comte Mollien.

MM.

Le comte de Pontécoulant.
Le duc de Plaisance.
Le comte Pelet de la Lozère.
Le comte Ruty.
Le comte Rampon.
Le maréchal duc de Trévise.
Le vice-amiral comte Tru-
   guet.
Le marquis d'Aramon.
Le vicomte Digeon.
Le comte de Germiny.
Le comte de Sussy.
Le comte de Montesquiou.
Le comte de La Villegontier.
Le baron de Montalembert.
Le comte de Bastard.
Le marquis de Pange.
Le comte Portalis.
Le comte de Ségur.
Le comte de Valence.
Le comte Fabre de l'Aude.
Le comte de Gassendi.
Le comte de Casabianca.
Le duc de Valmy.

L'appel nominal terminé, M. le Président expose les motifs de la convocation qu'avec l'agrément du Roi il a cru devoir ordonner.

Le tribunal de première instance du département de la Seine, par une ordonnance rendue en la chambre du conseil le 30 décembre dernier, avoit renvoyé devant la Cour des Pairs le nommé Antoine-Simon Desjardins, inculpé, (ce sont les termes de l'ordonnance) d'avoir, de complicité avec Louvel, participé à l'assassinat de S. A. R. M. le duc de Berry. Le motif sur lequel se fondoit le tribunal pour se dessaisir de l'instruction suivie contre Desjardins, étoit qu'aux termes de l'article 33 de la Charte, et de l'ordonnance du Roi du 14 février 1820, la Cour des Pairs se trouvoit saisie de la poursuite des auteurs et complices du crime commis par Louvel. Dans cet état, les pièces du procès ayant été transmises au procureur-général établi près la Cour par l'ordonnance du 14 février 1820, ce magistrat présenta le 24 février dernier, à M. le Président, un réquisitoire tendant à l'audition de plusieurs témoins, et à l'interrogatoire de Desjardins. Les actes d'instruction requis ont été ordonnés par M. le Président, les témoins ont été entendus, Desjardins a été interrogé sur les propos desquels résultoit contre lui l'inculpation de complicité qui avoit donné lieu à son renvoi devant la Cour. L'instruction se trouvant ainsi complète, il ne restoit plus qu'à en soumettre les résultats à la Cour, afin qu'après avoir entendu le procureur-général elle fût à même de

statuer. C'est dans cette vue qu'a eu lieu la convocation en vertu de laquelle elle est aujour-
d'hui réunie. M. le Président annonce que M. le
comte de Bastard, l'un des deux Pairs par lui
commis pour l'assister dans l'instruction, est
prêt à faire son rapport à la Cour.

Un Pair, avant que la parole soit accordée au
rapporteur, desire savoir si c'est en vertu de la
délégation primitivement faite par M. le Chancelier au mois de février 1820, ou en vertu
d'une délégation nouvelle, qu'ont procédé les
deux Pairs dont M. le Chancelier annonce avoir
été assisté dans l'instruction.

M. le Président déclare qu'encore bien que
la délégation ancienne pût, à beaucoup d'é-
gards, paroître suffisante, et que telle fut l'opinion manifestée par le procureur-général dans
son réquisitoire, il a cru cependant et pour plus
de régularité, devoir en donner une nouvelle,
qui existe aux pièces sous la date du 8 mars.

Cette explication donnée, M. le Président accorde la parole à M. le comte de Bastard.

Le noble Pair fait à la Cour le rapport de
l'instruction suivie contre Desjardins.

Le procureur-général est ensuite introduit,
et obtient la parole pour présenter à la Cour son

réquisitoire, qu'il termine par les conclusions suivantes :

Conclusions du procureur-général.

« Dans ces circonstances,

« Le conseiller-d'état procureur-général du Roi requiert qu'il plaise à la Cour,

« Attendu qu'il n'y a pas charges suffisantes du crime de complicité d'assassinat de feu S. A. R. M. le duc de Berry contre Antoine-Simon Desjardins, dire qu'il n'y a lieu à suivre contre lui devant la Cour ; mais attendu que ledit Antoine-Simon Desjardins est inculpé, dans l'instruction, de provocation dans des lieux ou réunions publics, à commettre l'assassinat des Princes de la famille royale, sans que ladite provocation ait été suivie d'effet, délit prévu par les articles 1 et 2 de la loi du 17 mai 1819 ; renvoyer ledit Desjardins, dans l'état où il est de mandat de dépôt, devant les juges qui en doivent connoître.

« Fait au parquet de la Cour des Pairs, le 30 mars 1821.

« Le conseiller-d'état, procureur-général,

« *Signé* BELLART. »

Le procureur-général se retire, après avoir déposé sur le bureau de la Cour le réquisitoire dont il vient de donner lecture.

M. le Président observe que les conclusions prises par le procureur-général contiennent deux parties distinctes : l'une tend à faire déclarer par la Cour qu'il n'y a lieu à suivre devant elle contre Desjardins, l'autre à le faire renvoyer comme prévenu d'un délit prévu par les articles 1 et 2 de la loi du 17 mai 1819, devant les juges qui en doivent connoître. La Cour jugera sans doute à propos de faire de ces deux chefs de conclusion la matière de deux délibérations séparées.

Un Pair croit devoir soumettre à la Cour une observation relative à la manière dont se trouvent libellées les réquisitions du procureur-général sur le second chef. Lors du procès dont cette affaire est la suite, une longue discussion a eu lieu dans le sein de l'assemblée sur les termes dans lesquels on renverroit à leurs juges naturels ceux des prévenus qui, par l'événement de l'instruction, se trouvoient inculpés de délits étrangers à la compétence de la Cour. Le résultat de cette discussion fut l'adoption d'une formule dont le principal avantage étoit de ne rien préjuger ni sur la gravité des indices ni sur la nature du délit ni sur la compétence du tribunal qui devoit en connoître. Le noble Pair regrette que le procureur-général ne se soit pas conformé aux précédents établis par la Cour à cette époque. Il demande que les conclusions en ce point soient rectifiées par l'arrêt à inter-venir.

Un autre Pair appuie l'observation qui vient d'être faite. Le principe adopté par la Cour a été qu'elle devoit se borner à statuer sur sa propre compétence, et qu'elle n'avoit le droit ni de qualifier un délit dont elle ne pouvoit con-noître, ni d'en saisir une autre jurisdiction. C'est dans ce sens qu'a été rédigée la formule rappelée par le préopinant, et la Cour se fera sans doute un devoir de la maintenir.

M. le Président observe qu'avant de s'occuper de la forme dans laquelle sera prononcé le ren-voi, il convient de savoir s'il y a lieu de l'ordon-ner. C'est sur cette question qu'il se propose d'appeler la délibération de la Cour, après qu'elle aura statué sur le premier chef des con-clusions, celui qui tend à faire déclarer qu'il n'y a lieu à suivre devant elle contre Desjar-dins.

Un Pair demande la permission d'exposer à la Cour un doute qui s'est élevé dans son esprit sur la régularité de la procédure actuelle. Jusqu'à présent, et dans toutes les affaires portées devant la Cour, un premier arrêt, rendu sur la plainte du procureur-général, avoit ordonné l'instruction. Cet usage étoit raisonnable puisqu'il avoit pour objet de constater si le fait sur lequel on proposoit d'instruire étoit de nature à motiver cette instruction, s'il entroit dans les attributions de la Cour. En effet, dans le cas où dès l'abord son incompétence eût été manifeste, dans le cas où ce fait n'eût provoqué l'application d'aucune loi pénale, à quoi bon se livrer à une instruction inutile, et quelle autre autorité que la Cour, a droit de juger si des termes mêmes de la plainte ne résulte pas ou son incompétence, ou l'inutilité des poursuites? Dans l'affaire aujourd'hui portée devant elle, cette délibération préalable n'a point eu lieu. Son omission pourroit avoir, en certains cas, le grave inconvénient d'amener des poursuites que la Cour désapprouveroit ensuite, et qu'elle n'auroit point autorisées si on l'eût consultée avant de les entreprendre. Dans tous les cas elle priveroit l'inculpé du bénéfice de l'article 128 du Code d'instruction criminelle, qui permet aux juges de lui épargner même l'inquiétude des premières poursuites. La Cour des Pairs, déja obligée par la nature des choses de confondre en elle tous les degrés dans lesquels se divise, pour l'intérêt du prévenu, la jurisdiction ordinaire, ne voudra pas se priver du moyen que lui offre l'article 128 pour rendre plus prompte la justice qu'elle doit à l'innocence. Par ces motifs, le noble Pair demande qu'au moins pour l'avenir, aucune instruction ne puisse avoir lieu que sur une délibération de la Cour.

Le rapporteur obtient la parole, et repousse l'application qu'on voudroit faire de l'art. 128 au cas dont la Cour est occupée, et les inductions au moyen desquelles on prétend établir la nécessité d'une délibération préalable pour autoriser l'instruction. Sans doute l'art. 128, à ne considérer que sa disposition particulière isolée de toutes celles qui la précèdent et la suivent, paroît autoriser l'induction qu'on en a tirée, mais si l'on examine l'ensemble du chapitre dans lequel cet article est compris, on verra qu'il ne s'applique qu'aux procédures déja faites, et dont, aux termes de l'art. 127, le juge d'instruction doit faire rapport à la chambre du

conseil. Il n'existe aucun texte de loi qui lui
impose l'obligation de se faire autoriser par le
tribunal pour commencer une instruction, et
jamais, dans l'usage, une pareille autorisation
n'a été demandée. Quant aux précédents tirés
de la jurisprudence même de la Cour, le noble
Pair observe que l'affaire actuellement soumise
à sa délibération ne peut être assimilée à aucune
de celles qui lui ont été antérieurement présentées. Dans celles-ci, en effet, la compétence
de la Cour des Pairs, existante d'une manière
générale en vertu de la Charte, avoit besoin
d'être mise en mouvement par l'ordonnance du
Roi, et reconnue par une délibération de la
Cour elle-même. Tels sont les principes qu'a
solennellement consacrés l'arrêt du 21 février
dernier. Mais ici toutes ces conditions étoient
remplies, l'ordonnance du 14 février 1820,
rendue dans les termes de la Charte, avoit saisi
la Cour, et la Cour elle-même, par son arrêt du
15, avoit déclaré sa compétence et reconnu sa
juridiction, tant à l'égard du prévenu renvoyé
devant elle, que pour toutes les dépendances
de l'affaire. C'est en vertu de cet arrêt que la
Cour a statué, par celui du 23 mai suivant, sur
dix-neuf individus inculpés dans l'instruction.

C'est encore en vertu du même arrêt qu'a été suivie la procédure dont il vient d'être fait rapport; elle est donc régulière, et il ne reste plus à la Cour qu'à statuer sur son résultat.

Un Pair appelle l'attention de l'assemblée sur les dangereuses conséquences qui lui paroissent résulter du système qu'on vient d'établir. A quels inconvénients en effet ne s'expose-t-on pas en admettant que la Cour une fois saisie d'une affaire devient nécessairement compétente pour toutes les dépendances de cette affaire, à quelque époque et dans quelque lieu qu'elles se développent? La voilà donc établie tribunal permanent pour instruire, même à son insu, même contre sa volonté, sur tous les faits que ses procureurs-généraux successifs (et ils peuvent être en grand nombre) jugeront susceptibles de se rattacher à la poursuite spéciale dont ils auront été chargés. Le noble Pair ne pense pas que telle puisse être l'opinion de la Cour sur sa compétence; il croit même apercevoir la preuve d'une opinion contraire dans l'arrêt du 21 février dernier que le préopinant a invoqué à l'appui de ses principes. Cet arrêt décide que la Cour est seule juge de sa compétence, qu'elle peut, suivant la nature et l'importance des faits, ou se saisir de la poursuite, ou la délaisser à la jurisdiction ordinaire. Mais cette faculté qu'on reconnoît appartenir à la Cour, lui donne le droit non seulement d'apprécier les faits en eux-mêmes, mais de peser les circonstances dans lesquels ils se présentent, de sorte qu'elle devroit retenir en un temps la connoissance d'un crime dont le jugement à une autre époque seroit abandonné sans inconvénient à un tribunal moins élevé. Ainsi, et pour ne pas sortir de l'espéce, quoiqu'elle ait dû se déclarer compétente pour juger Louvel, il pourroit arriver qu'elle renvoyât aujourd'hui au juge ordinaire un complice obscur de ce monstre. Le noble Pair conclut de ces considérations que la seule marche régulière eût été de consulter la Cour avant toute poursuite nouvelle, et si l'on ne pense pas que l'omission de cette formalité doive annuler la procédure, il desire qu'au moins cette dérogation ne forme point un précédent dont on puisse se prévaloir à l'avenir, et jusqu'au moment où la question aura été décidée en thése générale, et après l'examen approfondi que réclame son importance.

Un autre Pair se flatte au contraire d'établir la régularité de l'instruction soumise en ce mo-

ment à la Cour. Il ne s'arrêtera point à combattre l'objection tirée de l'article 128 du Code :
elle a été suffisamment réfutée pour qu'il soit
inutile d'y répondre de nouveau. L'argument
puisé dans la jurisprudence de la Cour ne lui
paroît pas avoir plus de force, et la différence
que l'on a remarqué entre cette affaire et
les précédentes, montre assez qu'elle doit être
soumise à d'autres régles. Dans les précédentes
affaires en effet, la question de compétence se
présentoit entière, un arrêt de la Cour pouvoit
seul la décider. Ici, au contraire, il n'y avoit
plus de question, puisque l'arrêt du 15 février 1820 avoit établi d'une manière irrévoca-
ble la compétence de la Cour, non pas relativement à Louvel, mais relativement à la
nature de son crime, et quels que fussent les
individus qui pouvoient y avoir participé. En
ce point la Cour avoit réparé le vice de l'ordonnance qui n'avoit renvoyé devant elle que
le prévenu, lorsque c'étoit le crime dont il
falloit lui déférer la connoissance. En vertu de
cet arrêt dix-neuf individus se sont trouvés
compris dans l'instruction primitive, sans qu'une
nouvelle délibération eût été jugée nécessaire
pour les poursuivre, et la Cour s'est reconnu

le droit de statuer sur leur sort. C'est encore en
vertu du même arrêt que les poursuites ont été
dirigées contre Desjardins. Comment la Cour
jugeroit-elle irrégulière à son égard une forme
de procéder qui lui a paru régulière à l'égard
des autres ? Le noble Pair estime que la décision
dans les deux cas doit être la même, et que l'arrêt originaire contenoit une autorisation suffisante pour instruire contre Desjardins, ainsi
qu'on l'avoit fait contre les autres. Mais on ob-
jecte que la Cour, toujours juge de sa compétence, peut, à raison des circonstances, retenir
dans un temps la connoissance d'un crime que
dans d'autres temps elle se dispenseroit de juger. Le noble Pair convient qu'à l'égard de différents faits de la même nature qui lui seroient
déférés, la Cour peut, suivant les circonstances, se saisir des uns et repousser les autres,
mais il ne pense pas que sa puissance aille à cet
égard jusqu'à scinder un même fait, en sorte
qu'une partie de ceux qui y auroient coopéré
soit soumise à sa jurisdiction, et une autre partie
à une jurisdiction différente. Ce système est re-
poussé par le grand principe de l'indivisibilité
des procédures criminelles, principe qui pour
n'être écrit dans aucune loi positive, n'en est

pas moins nécessaire à maintenir, parcequ'il se
fonde sur la raison même. Dira-t-on que ce
principe ne peut recevoir d'application lorsque
les diverses parties de l'affaire se présentent à
des époques différentes? Le noble Pair répondra
que dans ce cas il doit toujours avoir l'effet d'at-
tribuer à la jurisdiction qui a connu d'une partie la connoissance de l'autre, parceque la même
affaire doit toujours être jugée d'après les
mêmes principes et suivant les mêmes formes,
ce qui peut ne pas se rencontrer toujours dans
des jurisdictions différentes. Il sait que dans le
cas où l'auteur d'un crime est livré à une jurisdiction spéciale, ses complices, découverts plus
tard, n'y sont pas nécessairement renvoyés, et
peuvent être jugés par les tribunaux ordinaires;
mais cette régle ne s'applique qu'aux jurisdictions spéciales, et il faut bien ici fixer le sens
précis de cette dénomination; il faut surtout
se garder de l'appliquer à la Cour des Pairs.
Cette haute jurisdiction, il est vrai, ne connoît
que de certains crimes ou des crimes commis
par certaines personnes; mais dans ces divers
cas et pour les crimes ou les personnes qu'elle
est appelée à juger, elle est véritablement la
jurisdiction ordinaire et naturelle. On convient,

que par l'arrêt du 21 février dernier elle s'est réservé le droit de restreindre l'exercice de la juridiction qui lui appartient aux cas qui rendroient son intervention nécessaire, mais une fois que la décision à cet égard est rendue, sa compétence ne peut plus recevoir aucune atteinte, et elle doit embrasser l'intégralité de l'affaire dont elle s'est saisie. On a élevé contre ce système une autre objection tirée du nombre des procureurs-généraux auxquels pourroit ainsi se trouver dévolu le droit de mettre la Cour en action et de provoquer des poursuites devant elle, mais cette objection tombera le jour où, comme on doit l'espérer, la Cour aura près d'elle un ministère public permanent. On a aussi témoigné la crainte de voir des instructions supplémentaires se succéder à de longs intervalles, et perpétuer ainsi, au grand détriment de la société, des affaires que pour son repos on doit desirer de voir terminer promptement. La loi elle-même a pris soin de nous rassurer contre cette crainte, en fixant un terme au-delà duquel toutes poursuites doivent cesser. On a dit enfin que dans ce système la Cour des Pairs deviendroit une juridiction permanente, et l'on a paru s'en effrayer. Le noble Pair est loin de craindre ce résultat, il le croit une conséquence nécessaire de l'institution de la Cour. Si elle n'étoit pas en effet une jurisdiction permanente, que seroit-elle donc, sinon un tribunal d'attribution sans autre compétence que celle qu'on jugeroit à propos de lui conférer? Telle n'est pas, telle ne peut être la position de la Cour des Pairs. Sa jurisdiction subsiste toujours quoiqu'elle ne soit pas toujours en action. Elle ne dérive point des ordonnances qui lui défèrent un crime, mais de la Charte qui lui en attribue la connoissance, et c'est pour cela qu'elle déclare elle-même sa compétence par un arrêt. Dans l'espéce, l'arrêt du 15 février a reconnu la compétence de la Cour non seulement à l'égard de Louvel, mais à l'égard de ses complices s'il en avoit. Cet arrêt a reçu son exécution régulière dans la procédure dont il vient d'être fait rapport. Le noble Pair demande que la Cour délibère sur les conclusions du procureur-général.

M. le Président expose que dans les circonstances où l'affaire s'est originairement présentée, il a pensé que l'arrêt du 15 février 1820 contenoit effectivement une autorisation suffisante pour procéder à l'égard de tout individu inculpé de complicité dans le crime de Louvel; tel a été l'unique motif qui l'a déterminé à répondre seul le réquisitoire présenté par le procureur-général. Le vœu manifesté par quelques Pairs lui fait regretter de n'avoir pas soumis ce réquisitoire à la Cour. Il s'empresseroit de le faire à l'avenir, si le cas se représentoit, et si des circonstances impérieuses ne le forçoient d'en user autrement.

Un Pair, en rendant hommage à l'excessive délicatesse qui a dicté la déclaration de M. le Président, croit devoir le féliciter au contraire et le remercier au nom de la Cour de ce qu'il a pris sur lui, ainsi que l'arrêt du 15 février lui en donnoit le droit, d'ordonner l'instruction sans délibération nouvelle. Ce mode de procéder en effet a eu pour résultat d'épargner à la Cour et à la France entière l'effroi que lui auroit nécessairement causé le titre seul de l'inculpation élevée contre Desjardins, si elle eût été connue avant d'être éclaircie. Il réclame la mise aux voix du réquisitoire.

Un Pair observe que dans ce réquisitoire le procureur-général a considéré comme toujours subsistante la compétence de MM. les commissaires nommés en 1820 par M. le Chancelier

pour l'assister dans l'instruction. L'opinion de
M. le Chancelier paroît avoir été différente,
puisqu'il a cru devoir les commettre de nouveau. Le noble Pair demande qu'il soit fait mention au procès-verbal des explications données
à ce sujet par M. le Chancelier à l'ouverture de
la séance.

M. le Président annonce qu'il n'y voit aucun
inconvénient. Il ajoute qu'il va mettre successivement aux voix les deux chefs de conclusion
du procureur-général.

Un Pair demande, préalablement à toute délibération, la lecture des pièces. Il observe que
l'article 321 du Code d'instruction criminelle,
impose aux juges l'obligation d'en prendre connoissance avant de statuer. L'opinant sans doute
a toute confiance dans l'exactitude du rapport
qui vient d'être fait à la Cour, mais la loi pres-
crivant impérieusement la lecture des piéces,
il ne peut s'empêcher de la réclamer.

M. le Président observe que cette lecture ne
peut être refusée dès qu'un seul Pair la réclame,
mais l'heure étant trop avancée pour que la lecture dont il s'agit, et la délibération qui doit la
suivre, puissent être terminées dans le cours de

la séance, il propose à la Cour de s'ajourner à
lundi prochain.

Aucune réclamation ne s'élevant à cet égard,
la séance est prorogée à lundi prochain, 16 du
courant, à midi.

Signé DAMBRAY, président.

CAUCHY, greffier.

COUR DES PAIRS.

Séance du lundi 16 avril 1821,

Présidée par M. le Chancelier.

A une heure la Cour se réunit, en vertu de l'ajournement prononcé dans la séance du 14 de ce mois.

Le greffier, sur l'ordre de M. le Président, fait l'appel nominal des membres présents.

Leur nombre, qui avant-hier étoit de 116, se trouve réduit à 93 par l'absence de MM. le duc de Mortemart, le duc de Broglie, le marquis de Chasseloup-Laubat, le comte Decroix, le comte Klein, le comte Lebrun de Rochemont, le comte Lemercier, le comte de Saint-Vallier, le comte Curial, le duc de Doudeauville, le duc de Brissac, le duc d'Aumont, le marquis de

Brézé, le comte du Cayla, le comte Molé, le baron de Larochefoucauld, le baron Séguier, le marquis de Vérac, le baron de Barante, le comte Claparéde, le duc de Plaisance, le maréchal duc de Trévise, et le baron de Montalembert.

Il est donné lecture des piéces de l'instruction. Cette lecture faite, M. le Président appelle la délibération de la Cour sur les deux chefs de conclusion que présente le réquisitoire du procureur-général.

En déférant au premier, la Cour déclareroit qu'il n'y a lieu à suivre devant elle contre Antoine-Simon Desjardins, attendu qu'il n'y a pas contre ce prévenu charges suffisantes du crime de complicité dans l'assassinat de feu M. le duc de Berry.

Le second tend à faire renvoyer le même prévenu, dans l'état où il est de mandat de dépôt, devant les juges qui doivent en connoître, attendu qu'il est inculpé, dans l'instruction, de provocations faites dans des lieux ou réunions publiques, à commettre l'assassinat des princes de la famille royale, sans que ladite provocation ait été suivie d'effet, délit prévu par les art. 1 et 2 de la loi du 17 mai 1819.

Aucune réclamation ne s'élevant contre le premier chef de conclusions, M. le Président annonce qu'il va le mettre aux voix.

Il les recueille, suivant l'usage, par voie d'appel nominal, dans un ordre inverse de celui d'ancienneté de réception des opinants.

Le résultat de cette épreuve est l'adoption unanime du premier chef de conclusions. M. le Président, au nom de la Cour, déclare en conséquence qu'il n'y a lieu à suivre devant elle contre Antoine-Simon Desjardins.

La délibération est ouverte sur le deuxième chef de conclusions.

L'un de MM. les commissaires observe que, dans la dernière séance, on a proposé d'appliquer au cas dont il s'agit la formule adoptée par la Cour dans la séance du 23 mai 1820, à l'égard de plusieurs inculpés dont le renvoi à d'autres juges étoit également requis par le ministère public. Cette formule sans doute peut remplir les intentions de la Cour, lorsque, d'après les charges résultantes de l'instruction, elle estime qu'il y a lieu au renvoi, mais dans le cas où elle ne trouve pas dans ces charges des indices de culpabilité suffisants pour le motiver, il est évident que la formule réclamée ne sauroit être applicable. La Cour avoit adopté pour ce dernier cas une autre formule par laquelle, attendu le défaut d'indices suffisants d'une culpabilité quelconque, elle déclaroit absolument qu'il n'y avoit lieu à suivre. En rappelant cette distinction l'opinant déclare qu'il ne s'est proposé que d'établir un principe qui pût guider la Cour dans sa délibération actuelle.

Ce principe est contesté par le noble Pair qui, dans la dernière séance, a proposé d'appliquer au cas actuel la formule de renvoi adoptée dans la séance du 23 mai. Il ne pense pas que la Chambre puisse absoudre le prévenu d'un fait pour lequel elle n'auroit pas le pouvoir de le condamner. Or elle vient de déclarer qu'il n'y avoit lieu à suivre devant elle pour le seul fait dont le jugement auroit pu lui appartenir. Comment, après cette déclaration, acquitteroit-elle Desjardins sur un autre fait entièrement étranger à sa compétence? L'opinant insiste sur l'application de la formule de renvoi.

Le préopinant insiste à son tour sur la distinction qu'il a établie. Il suffit de jeter les yeux sur l'arrêt du 23 mai pour se convaincre qu'elle y existe. Les prévenus inculpés de délits étrangers à la compétence de la Cour, et dont cet

arrêt fixe le sort, y sont partagés en deux classes, l'une de ceux contre lesquels à défaut d'indices, ou d'indices suffisants de culpabilité, la
Cour déclare absolument qu'il n'y a lieu à suivre; l'autre de ceux qu'elle renvoie à qui de
droit, à la diligence du procureur-général.

Le noble Pair qui a réclamé l'application de
cette dernière formule observe que dans l'arrêt
du 23 mai elle fut appliquée, entre autres prévenus, au nommé Bourdin, alors inculpé d'un
fait qui a beaucoup d'analogie avec celui qu'on
reproche aujourd'hui à Desjardins.

M. le Président estime qu'il y a deux questions à distinguer dans la délibération actuelle,
une question de droit et une question de fait.
La question de droit est décidée par l'arrêt du
23 mai 1820, qui pour les divers cas soit d'acquittement absolu soit de renvoi à d'autres
juges, a déterminé des formules appropriées.
Mais la question de fait demeure entière, et
c'est à la Cour, d'après la connoissance qu'elle
a prise des charges, à décider s'il y a lieu ou
non de renvoyer le prévenu à d'autres juges.
En cas d'affirmative, l'application de la formule réclamée ne peut souffrir de difficulté,
dans le cas contraire, la Cour appliquera l'autre

formule, en déclarant absolument qu'il n'y a lieu à suivre faute d'indices, ou faute d'indices suffisants.

Un Pair aperçoit dans le renvoi à d'autres juges un excès de pouvoirs de la part de la Cour, et une injustice envers le prévenu dont on aggraveroit la condition par ce renvoi, sur-tout après la qualification donnée par le procureur-général au fait qui le motive. Ne vaudroit-il pas mieux, en déclarant purement et simplement qu'il n'y a lieu à suivre devant la Cour, ordonner la mise en liberté du prévenu, *s'il n'est retenu pour autre cause?* Cette réserve sans doute suffiroit pour mettre le procureur-général à portée d'exercer contre le prévenu les poursuites ultérieures dont il seroit susceptible à raison d'autres faits.

M. le Président observe que l'opinant est dans l'erreur à cet égard, et qu'un arrêt ainsi conçu ne laisseroit au procureur-général aucun moyen de retenir l'inculpé.

Un Pair estime que l'arrêt du 23 mai répond à toutes les objections. On craint d'élever, par le renvoi, un préjugé défavorable contre le prévenu : mais la formule de ce renvoi est conçue en termes trop généraux pour former un préjugé quelconque. Elle ne constitue pas davantage un excès de pouvoirs, car la Cour par cette formule ne juge rien, mais laisse seulement *à qui de droit* à juger ce qui résulte des charges. Enfin, dans le cas où ces charges ne paroîtroient pas offrir des indices suffisants d'un délit, l'arrêt du 23 mai présente à la Cour un autre moyen de prononcer, en déclarant absolument qu'il n'y a lieu à suivre. L'opinion personnelle de chaque Pair sur le plus ou moins de gravité des charges résultantes de l'instruction, a dû se former d'après la lecture qui vient d'en être donnée, chacun est donc à portée de se décider en ce moment sur l'application de l'une ou de l'autre formule.

Divers membres, en appuyant cet avis, demandent que la Cour soit immédiatement consultée. L'un d'eux observe que les objections reproduites en ce moment contre la formule de renvoi ont été solennellement discutées lors de l'adoption de cette formule. Auroient-elles acquis depuis cette époque une force nouvelle, et l'assemblée qui, après une mûre délibération, ne crut pas devoir les admettre, s'y arrêteroit-elle aujourd'hui? L'arrêt du 23 mai forme ici pour la Cour une autorité d'autant plus imposante qu'il est rendu dans la même affaire, car il s'agissoit alors comme aujourd'hui de prévenus traduits devant la Cour comme complices de Louvel. Seroit-il proposable d'appliquer au jugement d'un même procès des régles différentes? L'opinant insiste sur la mise aux voix de la question.

Un Pair demande pourquoi la condition des prévenus seroit pire devant la Cour des Pairs que devant un tribunal ordinaire. Traduit à un pareil tribunal, l'inculpé Desjardins y seroit ou condamné ou absous. Il n'est ici ni l'un ni l'autre. La Cour d'un côté déclare qu'il n'y a lieu à suivre contre lui, d'un autre côté elle le renvoie à de nouveaux juges. Mais peut-elle scinder le fait dont l'imputation a conduit le prévenu devant elle? Ce fait peut-il être à-la-fois innocent aux yeux de la Cour, et coupable à d'autres yeux? Si le fait est coupable, pourquoi ne pas condamner? S'il est innocent, pourquoi ne pas absoudre?

Un autre Pair observe qu'un même fait peut, à raison des circonstances particulières dont il se complique, être envisagé sous divers points de vue qui le soumettent à une compétence différente. Ainsi le fait imputé à Desjardins, et qui rattaché au crime de Louvel seroit incontestablement dans les attributions de la Cour, leur devient étranger dès qu'il ne se rattache plus à ce crime. S'ensuit-il que le fait en lui-même n'ait aucune gravité? S'ensuit-il qu'il faille absoudre Desjardins, parceque la Cour des Pairs ne peut le juger? L'opinant est loin de le croire, il pense que c'est le cas d'appliquer la formule de renvoi adoptée dans la séance du 23 mai.

Un membre estime que pour motiver ce renvoi deux conditions sont nécessaires, la première que le fait imputé au prévenu soit un de ceux que la loi qualifie crime ou délit, la seconde qu'il résulte de l'instruction des indices suffisants de l'existence de ce fait. Ici le procureur-général impute à Desjardins une provocation, coupable sans doute aux yeux de la loi: mais la Cour trouvera-t-elle dans les charges du procès des indices suffisants de cette provocation?

Le préopinant répond que la Cour n'est aucunement liée à cet égard par le réquisitoire du procureur-général. Elle peut renvoyer pour fait de provocation, elle peut renvoyer à tout autre titre, si les circonstances du fait lui donnent à ses yeux un autre caractère. Qui pourroit considérer ce fait comme innocent, à part la provocation que croit y apercevoir le procureur-général? La formule de renvoi adoptée l'an dernier, et dont on réclame l'application, se prête, par sa généralité, à tous les cas où ce renvoi peut être ordonné pour un motif quelconque.

Un membre pense que la Cour pourroit s'en tenir à la décision qu'elle vient de rendre, en déclarant qu'il n'y avoit lieu à suivre devant elle. C'est comme complice de Louvel que Desjardins lui a été dénoncé par le procureur-général, aujourd'hui le procureur-général reconnoît qu'il n'existe aucune trace de complicité, la Cour s'en est convaincue par la lecture des pièces, et elle vient de le déclarer par son arrêt. Qu'a-t-elle à faire de plus? Si Desjardins est susceptible d'une poursuite ultérieure, c'est au procureur-général à la provoquer devant le tribunal compétent. Pourquoi la Cour se mêleroit-elle encore d'une affaire qui ne sauroit la concerner, et dont elle vient de se dessaisir?

Un autre membre observe que la Cour ne peut laisser sans décision aucun des chefs de conclusion présentés par le ministère public.

Il a conclu au renvoi, elle est donc tenue d'y statuer, soit en adoptant, soit en rejetant ou modifiant cette partie des conclusions.

On demande la mise aux voix du renvoi proposé. M. le Président annonce qu'il va prendre les opinions sur ce renvoi.

Dans le cours de l'appel nominal trois opinions se manifestent, la première tend à ce que la Cour n'ait aucun égard à cette partie des conclusions, la seconde à faire déclarer qu'il n'y a lieu à suivre, faute d'indices suffisants, la troisième, à ce que le renvoi soit ordonné dans la forme indiquée par l'arrêt du 23 mai 1820.

Cette dernière opinion, à laquelle se réunissent deux membres qui avoient embrassé la première, obtient 74 suffrages sur 93. M. le Président proclame en conséquence l'adoption du renvoi.

L'arrêt qui résulte de cette décision et de la précédente est rédigé séance tenante, et adopté dans les termes suivants :

ARRÊT DE LA COUR DES PAIRS.

« LA COUR DES PAIRS,

« Vu l'ordonnance du Roi en date du 14 fé-

vrier 1820, ensemble l'arrêt de la Cour du 15
du même mois ;

« Ouï, dans la séance du 14 avril, M. le
comte de Bastard en son rapport de l'instruction requise par le procureur-général du Roi,
le 24 février dernier, contre Antoine-Simon
Desjardins, inculpé d'avoir, de complicité avec
Louis-Pierre Louvel, participé à l'assassinat de
S. A. R. M. le duc de Berry ;

« Ouï, dans la même séance, le procureur-
général du Roi en ses dires et réquisitions, lesquelles réquisitions par lui déposées sur le bureau de la Cour, écrites et signées de lui, sont
ainsi conçues :

« Le conseiller-d'état procureur-général du
« Roi requiert qu'il plaise à la Cour,

« Attendu qu'il n'y a pas charges suffisantes
« du crime de complicité d'assassinat de feu
« S. A. R. M. le duc de Berry contre Antoine-
« Simon Desjardins, dire qu'il n'y a lieu à sui-
« vre contre lui devant la Cour ; mais attendu
« que ledit Antoine-Simon Desjardins est in-
« culpé, dans l'instruction, de provocation dans
« des lieux ou réunions publics, à commettre
« l'assassinat des Princes de la famille royale,
« sans que ladite provocation ait été suivie d'ef-

« fets, délit prévu par les articles 1 et 2 de la loi
« du 17 mai 1819; renvoyer ledit Desjardins,
« dans l'état où il est de mandat de dépôt, devant
« les juges qui en doivent connoître.

« Fait au parquet de la Cour des Pairs, le
« 30 mars 1821.

« Le conseiller-d'état, procureur-général,

« *Signé* BELLART. »

« Après qu'il a été donné lecture des pièces
par le greffier, et après en avoir délibéré dans
les séances des 14 et 16 avril;

« Attendu que de l'instruction ne résultent
contre Antoine-Simon Desjardins aucunes charges de complicité dans le crime d'assassinat
commis sur la personne de S. A. R. M. le duc
de Berry; mais que de ladite instruction il résulte qu'il pourroit y avoir lieu à poursuites
contre lui, à raison de crime, délit ou contravention prévus par la loi;

« Déclare qu'il n'y a lieu à suivre devant la
Cour contre ledit Desjardins, et le renvoie devant qui de droit, à la diligence du procureur-
général du Roi, le mandat de dépôt contre lui
délivré subsistant. »

Cet arrêt, prononcé au nom de la Cour par

M. le Président, est signé de suite par tous les Pairs qui ont concouru à sa formation.

La séance est levée.

Signé DAMBRAY, président.

CAUCHY, greffier.

9 782014 021097